Ilse Eichenbrenner

Der Praktikant, die Wölffin und das Amt

EDITION BALANCE

Die Deutsche Bibliothek – CIP-Einheitsaufnahme
Eichenbrenner, Ilse:
Der Praktikant, die Wölffin und das Amt / Ilse Eichenbrenner. –
Bonn : Psychiatrie-Verl., 1999
(Edition Balance)
ISBN 3-88414-228-3

Psychiatrie-Verlag im Internet:
http://www.psychiatrie.de/verlag

Umschlag: Hans Schlimbach und Ute Hüper, Köln
Satz: Marina Broll, Dortmund
Druck: Koninklijke Wöhrmann, Zutphen, Niederlande

Prolog

Ich habe ihr eine kleine Arbeitsfläche am Ende meines Schreibtischs leer geräumt. Ich werde ihr einen der bequemen Stühle aus dem Sitzungsraum holen und den Zuverdienst um ein paar Bastelarbeiten bitten – nicht zu niedlich, aber entspannend. Ich denke an einen Tischkalender und eine dieser beklebten Zettelboxen, die schon nach einigen Wochen aus dem Leim gehen. Sie soll sich hier wohl fühlen.

Ich stelle mir vor, wie nervös sie jetzt ist, vor ihrem ersten Praktikum. Sie ahnt nichts von meiner Aufgeregtheit. Hier im Tageszentrum laufen oft ein paar Praktikanten mit, insgesamt haben wir im Charlottenburger Psychiatrie-Verbund immer zehn Leute von der Fachhochschule, manchmal sogar mehr. Aber sie wird meine erste eigene Praktikantin sein. Ich wünschte, ich könnte ihr einen richtigen kleinen Schreibtisch geben, hinter den sie sich wie in eine Burg zurückziehen kann. So wie ich es damals im Amt immer gemacht habe, wenn es hoch herging. Aber wir haben hier alle sehr wenig Platz, ein eigener Schreibtisch, wie ich ihn jetzt ergattert habe, ist Luxus. Ich werde den Monitor so drehen, dass sie meine Arbeit verfolgen kann. Sie soll alles mitbekommen.

Beim Mittagessen in unserem Bistro rede ich mit Horst Klüppel über Praktikanten. Er hatte schon unzählige, einer davon war ja beinahe ich – damals, im Amt. Klüppel warnt mich albern und erzählt mir noch einmal die vielen Seifenopern, in denen Praktikanten eine Hauptrolle spielten. Maria aus der Beratungsstelle, die ihren ersten Praktikanten geheiratet hat und der jetzt ihr Chef ist. Die vielen Sozialarbeiter-Ehen, die ins Schlingern gebracht wurden oder zerbrachen. Die lebenslangen Frauenfreundschaften zwischen Anleiterin und Praktikantin. Frauen, die ein Jahr miteinander im Dienst verbrachten, die die Freizeit und eine Wohnung teilten, später den Mann – und nie mehr miteinander sprachen. »Die Praktikantin kriegt alles von dir mit. Jedes Telefonat, jedes Gespräch, jeden Hausbesuch. Sie lernt jede deiner Stimmungen kennen und weiß, wann du Kopfweh kriegst. Und was dagegen hilft. Pech, wenn sie eine Nervensäge ist. Dann wirst du sie verfluchen. Aber wenn sie zurückhaltend ist und aufmerksam, dann hast du für ein halbes Jahr eine gute Freundin, einen guten Geist, jemanden, der dich bewundert und unterstützt. Für euch Einzelkämpfer vom Service-Wohnen ist es doch toll, mal Publikum zu haben.« Horst ist seit 2008 Geschäftsführer unseres Teilverbunds und tut so, als kämpfte ich draußen an der Front. Er ist noch bis zur Jahrtausendwende im Amt geblieben, damals, und hat dann einen raschen Aufstieg gemacht. »Und wenn du dann beobachten kannst, wie so ein Student Feuer fängt, und du gibst noch ein bisschen Zunder: Das hat schon was. Das ist wie eine Initiation. Die Einführung in die Riten des psychiatrischen Stammes, Voodoo und der Heilige Gral. Wusstest du, dass die Aborigines ihren Söhnen einen Schneidezahn in den Kiefer treiben, während sie ihnen die Geheimnisse der Traumzeit zuflüstern? Die Intensität des Schmerzes verankert jedes einzelne Wort für immer und ewig in der Seele des Probanden.« Horst hat die letzten Worte geflüstert und jetzt grinst er mich breit an.

»Herr Klüppel, hier ist eine Beschwerde!« Frau Schitthelm, die in der letzten Nutzer-Vollversammlung gewählte anstrengende Ombudsfrau spricht ihn von der Seite an, eine ältere Dame steht neben ihr. Horst reagiert einen kurzen Moment genervt. Sekunden später konzentriert sich sein Blick, ich sehe Respekt und Aufmerksamkeit und er bietet den beiden einen Platz an. Ich beobachte ihn kritisch, suche nach Spuren. Horst hat noch immer dasselbe verschlossene Gesicht, flüchtige Gesten, er nuschelt verwaschenes Sächsisch und wird auf den ersten Blick übersehen. Seine Haare sind grau, seit eh und je, und immer eine Spur zu lang. Erst wer ihn länger kennt – und wer kennt ihn hier so lange und gut wie ich? –, sieht die ungeheure Freundlichkeit und Klugheit hindurchschimmern. Verdammt, diese Praktikantin macht mich sentimental. Es ist jetzt zehn Jahre her.

Ich war damals in der schwäbischen Provinz, in meiner Heimatstadt hängen geblieben. Ich hatte mich verheddert, in meiner Bequemlichkeit, in meiner »Lebensuntucht«, wie ich meine Unfähigkeit, den Alltag zu bewältigen, zynisch nannte. Die meisten aus meiner Klasse hatten längst das Weite gesucht. Aber ich schaffte es immer wieder, meinen müden Hintern nicht von der Stelle heben zu müssen. Ich hatte den Zivildienst ganz watteweich in einer anthroposophischen Behinderteneinrichtung gemacht, oben auf den Fildern. Wegen meiner Plattfüße und meiner Adipositas – so nannte der Bundeswehrarzt meinen Fettwanst – wäre um ein Haar sogar dieser Kelch an mir vorübergegangen. Für den Weg zur Fachhochschule brauchte ich zwanzig Minuten, das Projektpraktikum absolvierte ich in einem Jugendhaus, dessen Leiter ich vom Klampfen beim CVJM kannte.

Ich hatte angefangen in Esslingen und in meiner Bude unterm Dach meiner Eltern festzuwachsen. Vielleicht war ich es gar nicht selbst, der sich festklammerte, vielleicht wurde ich festgehalten? Manchmal kam ich mir vor wie ein altes Zelt, das mit vier Heringen in dem lehmigen schwäbischen Boden festgezurrt war. Die vier Heringe, das waren die vier von der Clique, zwei Pärchen: Hajott und Tine, Gesine und Hadschi. Mein Spitzname war »Wabbel«, und obwohl sich die hundsgemeine Bedeutung im Laufe der Jahre abgenutzt hatte, durchfuhr mich noch ab und zu ein kränkender Pfeil. Ich war immer ein bisschen zu groß, zu weich, zu ungelenk, wabbelig eben. Und träge. Ich hatte zu viele Schnittlauch-Haare auf dem Kopf. Die Pubertät hatte mich gestreckt und mir ein Profil gegönnt, doch ich hasste weiter jeglichen Sport mit Inbrunst. Ich liebte meine Bude unterm Dach, mit dem Birnbaum vor dem Fenster und dem Poster mit Johnny Depp an der schrägen Wand. Hier verbrachten Hajott, Tine, Gesine, Hadschi und ich die Wochenenden gemeinsam und viele Abende dazu.

In den warmen Monaten dösten wir am Stausee, fuhren zu Open-Air-Konzerten, rauchten und tranken. Wenn es kalt wurde, drängelten wir uns vor den Bildschirmen des Rechners oder der Glotze, rauchten und tranken. Irgendwann im Sommer, nach einer kleinen Orgie auf Hadschis Obstbaumwiese, kam Nico dazu. Nico, die schroffe, schlaue Nicole. Sie sah aus wie ein Wiesel oder ein Iltis, sie war zäh und muskulös. Sie war vernarrt in Tiere und schleifte immer ihren Köter mit. Sie hatte einen Studienplatz für Veterinärmedizin erkämpft und alle Gründe, glücklich zu sein. Wie ich hatte sie bei der Reise nach Jerusalem keinen Stuhl mehr erwischt und wir gewöhnten uns an, miteinander zu schlafen. Es hatte sich ergeben oder wir hatten uns ergeben. Es tat mir gut, endlich angefasst zu werden. Aber mir war unwohl dabei, unheimlich. Ich hatte ein schlechtes Gewissen. Ab und zu, bei einer Berührung in einem Film oder dem Gedanken an Hajotts Hintern, flog eine Tür in mir auf und wieder zu. Ich war zu feige, sie zu öffnen.

Meine Mutter fing an, mich wegzuschubsen, rauszubeißen wie einen jungen Vogel, der nicht flügge werden will. Vielleicht hätte ich gehen können, wenn sie mich festgehalten hätte. Aber rausgeschmissen zu werden, das fand ich ziemlich gemein.

Meine Eltern hatten gemeinsam ein Steuerberaterbüro aufgebaut, leidlich erfolgreich. Mein Bruder Jörg, sieben Jahre älter als ich, war gleich nach dem Studium als Teilhaber eingestiegen. Früher hatten sie mich noch gebraucht, weil der Rechner plötzlich abgestürzt oder eine Datei verschüttet war, doch jetzt klimperte sogar mein Vater souverän auf der Tastatur herum. Ich war lästig und überflüssig, ein Teddybär auf dem Dachboden.

Im Herbst begann die Clique auseinander zu bröseln. Hadschi und Gesine bekamen einen Ableger und fingen an, ein Nest zu bauen. Hajott ging immer früher nach Hause, um für seinen Bauzeichner-Job fit zu sein. Tine träumte von den USA, Nico von einem Aufenthalt auf einer Modell-Farm an der Elfenbeinküste. Mein Studium ging zu Ende und ich trieb auf einem Kahn im Nebel. Kein Land in Sicht.

Dann kam Claudia, meine Cousine aus Berlin, zu einer Hochzeit und ein heißer Wind wehte die Sicht frei. Wir tanzten Backe an Backe, flüsterten uns Gemeinheiten über die Verwandten ins Ohr und stapften mit einer Flasche Cognac auf der verschneiten Talaue herum. »Komm doch nach Berlin«, lallte Claudia, »da ist immer was los, und bei mir wohnen kannst du auch.« Im Kommunalen Kino lief *Der Himmel über Berlin* und ich spürte, dass ich diese thermische Strömung nutzen und gleichfalls abheben sollte.

Ich nervte die Leute im Praktikantenamt und schrieb Bewerbungen. Ich wollte ein Praktikum in einem alternativen Projekt, bei der Aids-Hilfe oder mit Straßenkindern, das passte zu Berlin und diesem heißen Aufwind. Schließlich bekam ich Antwort von einem Bezirksamt, Sozialpsychiatrischer Dienst.

Die Psychiatrie reizte mich, aber warum? Ich wühlte in meinen Hirnkammern. Am Studium konnte es nicht liegen. Der langmähnige Dozent versuchte, uns die politische Dimension der Psychiatrie zu verklickern. Er schwärmte von seiner Famulatur in Arezzo, von Basaglia und Foucault und der Auflösung der Anstalten. Ich fand das alles abstrakt, trocken, abgehoben. Aber da war noch etwas anderes, Verborgenes, noch vor dem Abitur. Ronnie – plötzlich fiel mir alles wieder ein. Ich hatte Ronnie im Jugendzentrum kennen gelernt, als er gerade aus Hamburg hergezogen war. Wir mochten uns auf Anhieb. Ein witziger, schlaksiger Oberschüler, aufgedreht und immer auf der Jagd nach einem Krümel Shit. Schon etwas älter, weil er zwei Ehrenrunden gedreht hatte. Seine Klamotten waren eine Spur zu schrill, ich bewunderte seinen Mut. Ronnie zog schon bald mit uns durch die Gegend und stand im Mittelpunkt. Ich glaube, ich war eifersüchtig. Schließlich hatte ich ihn entdeckt, ich wollte nicht teilen. Aber wenn Ronnie plötzlich in meiner Bude auftauchte, war es mir auch nicht recht. Ich fand tausend Ausreden, nur um ihn wieder loszuwerden. Aber das war danach. Denn einmal – mir wird flau, wenn ich daran denke – rauchten wir uns so zu, dass wir uns nur noch auf der Matratze fläzen und ablachen konnten. Ronnie nahm mich in den Schwitzkasten und fummelte kichernd an mir herum. Als ich mich zaghaft wehrte, packte er noch fester zu, er tat mir weh. Ich wäre gerne geschmolzen. Bis heute weiß ich nicht, ob er mich verscheißern wollte. Ich werde es auch nicht mehr erfahren.

Von da an war ich auf der Hut. Natürlich war es mein Verlangen, das mir Angst gemacht hatte. Aber so weit war ich damals noch nicht. Ronnie war mir zu intensiv, zu schräg und zu gefährlich. Dann war er plötzlich verschwunden. Hajott kriegte raus, dass er in die Anstalt gekommen war, nach Nürtingen. Wir zögerten lange, aber dann besuchten wir ihn doch. Wir erschraken über Zimmer mit sechs Betten, mürrische Krankenpfleger und schlurfende Zombies in der Eingangshalle. Ronnie saß stumpf – und wahrscheinlich vollgeknallt mit Psychopharmaka – im Aufenthaltsraum und vor lauter Verlegenheit spielten wir Kicker miteinander und blödelten wie aufgezogen. Nach einer Stunde hauten wir ab und sprachen nicht mehr darüber. Als Ronnie wieder auftauchte, war der Lack ab. Er glänzte nicht mehr, sondern lief trübe und gierig durch den Stadtpark, immer noch auf der Suche nach Stoff. Wir hielten uns fern von ihm, und es gelang mir, ihn zu vergessen.

Als eine Zusage aus Berlin kam, blieb ich ganz ruhig. Das Schicksal hatte gesprochen, ich war bereit. Ich beschloss, nur ein paar Klamotten einzupacken. Auch meinen geliebten Rechner ließ ich zurück. Lediglich meinen kleinen tragbaren

Fernseher nahm ich mit und ein paar Videos. Für alle Fälle. Ich verabschiedete mich einige Abende lang von der Clique und von Nico. Sie rauchte und nutzte jede Gelegenheit, um ihren Kopf auf meinen Bauch zu legen. »Mein Lieblingskissen«, sagte sie ab und zu, mehr nicht. In meinem Kopf liefen Panik und Vorfreude um die Wette, und meistens gewann die Panik. Ich kramte unablässig in Nicos störrischen Lokken und murmelte ein beruhigendes Mandala. Ich weiß, dass man ein Mandala nur sehen und nicht hören kann. Aber es war ein Mandala.

Das hungrige Schwein

Ende Februar, eine Woche vor Beginn des Praktikums, stellt Karsten sich im Sozialpsychiatrischen Dienst vor. Er wird sich nicht verbiegen, sich nicht verstellen. Er will so genommen werden, wie er ist. Aber er will diesen Praktikumsplatz, unbedingt. Er will nicht mit eingezogenem Schwanz zurück nach Esslingen, eher geht er Klos putzen.

Das graue Gebäude in Charlottenburg ist ärmlich und verwahrlost wie so vieles in Berlin. Karsten erscheint hier alles schäbig und grau, als hätte die DDR auch auf den Westteil der Stadt abgefärbt. Die riesigen Flure deprimieren ihn und die vertraute Panik kriecht in ihm hoch. Er klopft und betritt ein altmodisch möbliertes Zimmer, braun in allen Schattierungen, kackbraun, schokoladenbraun, schwarzbraun wie die Haselnuss. Auf dem Boden liegt rotbraunes Linoleum, die Schreibtische sind aus Resopal, das versucht, Eiche zu imitieren. Alte, abgewetzte Sessel stehen in der Ecke um einen kleinen Holztisch herum, dessen Sperrholzplatte sich an den Rändern kräuselt. Regale mit Ordnern, dilettantisch beschriftet, ein alter Schrank. Ein Ungetüm von Schreibmaschine, notiert Karsten, nicht die Spur eines Computers. Wie eine Oase in der Wüste glitzert ein Strauß auf dem Scheitel der beiden Schreibtische, die so gegeneinander gerückt sind, dass man sich in die Augen sehen muss.

Die resolute, sportlich gekleidete Frau Raschke begrüßt Karsten ein wenig zu laut, sie wird seine Anleiterin sein. Als er wieder auf der Straße steht, schwirrt ihm der Kopf. Er hat genickt und gelächelt und geantwortet und das Adrenalin hat ihm jede Gehirnzelle verstopft. Dreimal hat das Telefon geklingelt, dreimal hat Frau Raschke unwillig den Hörer gehoben und dreimal hat er versucht, diese Pausen zum Klarwerden zu nutzen. Es ist ihm nicht gelungen. Er soll also anfangen, am 1. März, in der Abteilung Soziales und Gesundheit. Er murmelt sein Mandala und legt sich die Hand auf den Bauch.

Eine amorphe Masse starrt ihm entgegen, Frauen, Frauen. Sein Blick hakt sich an einem hübschen langhaarigen Jungen fest, irrt dann wieder zu den Pullovern, Stretchhosen und praktischen Kurzhaarschnitten. Jeden Morgen um neun trifft sich die Dienststelle zum Appell beim Tagesdienst, wer zu spät kommt, quetscht sich von hinten in die Ecke neben die Gummibäume. Karsten versucht in der Nähe von Frau Raschke zu bleiben, sich gleichzeitig unsichtbar zu machen und den Überblick zu behalten.

Nachnamen schwirren durch den Raum: »Wer macht heute Nachmittag Tagesdienst? Michalke? Thomalla ist krank, Berger-Odenthal hat einen Gerichtstermin und kommt später.« Karsten bleibt an Frau Raschke dran, lässt sich von ihr die ganze Dienststelle zeigen. Im Flur sitzen und stehen Klienten, die zur Sprechstunde gekommen sind. Ihm graut vor so viel Elend, aber er wird ihnen allen helfen. Später, irgendwann.

In der Kanzlei Hängeschränke voll mit Akten, riesige vorsintflutliche Karteikästen aus Metall, auch hier kann Karsten keinen PC entdecken. Frau Raschke zieht eine Schublade heraus, und Karsten gelingt es mühsam, einige der handbeschrifteten Karteikarten zu entziffern: Fahrenkamp, Elisa, geb. 3.9.45, abgegeben an BA Tempelhof 5.4.71. Fahrenkopf, Otto, geb. 6.9.1918, Sammelmappe. Karsten lässt Zeige- und Mittelfinger durch die Pappkärtchen wandern und schüttelt amüsiert den Kopf.

Frau Raschke führt ihn zu einem breiten, unterteilten Rollschrank mit Namensschildern. Hier hat jeder Beschäftigte der Dienststelle ein Fach, auch die Schreibkräfte, die Sozialarbeiterinnen, die Ärzte, sogar der Zivi, nur der Praktikant nicht.

Frau Raschke greift unter ihr Namensschild, schnappt sich einen Stapel mit Akten und Mappen und geht in ihr Zimmer. Karsten folgt, steht immer wieder nutzlos herum, allmählich ahnt er, dass seine Hauptaufgabe sein wird, nicht aufzufallen.

Frau Raschke hat für ihn einen Arbeitsplatz vorbereitet; er sitzt ihr gegenüber, an einem etwas kleineren Schreibtisch. Das ramponierte preußische Mobiliar schockiert ihn erneut, er sehnt sich nach den blitzenden Freischwingern im Büro seiner Eltern. Während Frau Raschke ihre Post durchsieht, kann er sie unauffällig mustern. Mit ihrer drahtigen, durchtrainierten Figur schätzt er sie auf Anfang dreißig; Augenpartie und Hände sprechen für Mitte vierzig. Beim Lesen fährt sie sich unentwegt mit den Fingern durch ihren kurz geschnittenen rabenschwarzen Lockenkopf. Wenn sie ihn über den Rand ihrer Lesebrille fixiert, erinnern ihre kräftigen Jochbeine an Sigourney Weaver – das muss er sich endlich abgewöhnen, zu jedem Gesicht den passenden Film zu suchen.

Herr Kleiner wankt herein. Frau Raschke raunzt ihn an, er stinkt nach Fusel und billigem Tabak. Herr Kleiner brummt, man habe ihm sein Geld geklaut und jetzt sei er blank. Die Frau vom Sozi habe ihn geschickt, er brauche eine Befürwortung. Frau Raschke poltert los, sie denke nicht daran, so gehe es nicht, das könne er ihr nicht erzählen, sie sei doch nicht blöde, so lerne er es nie und wenn sie nicht konsequent wäre, dann. Herr Kleiner wendet sich an Karsten, blickt ihn mit feuchten Augen an und verlässt dann laut schimpfend den Raum. Ein Stuhl fällt um. Frau Raschke stöhnt: »Eigentlich ein armer Teufel«, und schickt Karsten, die Akte von Herrn Kleiner aus der Kanzlei zu holen, und empfiehlt sie ihm zur Lektüre.

Seine erste Akte. Er schlägt sie erwartungsvoll auf und verliert sich in einem Wust umständlicher Formulierungen. Über Herrn Kleiner wird hier seit zwanzig Jahren eine Akte geführt. Schulden, Alkohol, Mietrückstände, Wohnungsverlust, Obdachlosenheim. Dann werden die Vermerke plötzlich länger, differenzierter, der Ton wärmer und karitativ. Ein neuer Sozialarbeiter scheint vor fünf Jahren einen Narren an Herrn Kleiner gefressen zu haben, führte lange Gespräche mit ihm, begleitete ihn zu Selbsthilfegruppen. Das kleine Kürzel »Bpr.« hinter dem Namen überliest Karsten zuerst, dann wird ihm klar, ein Berufspraktikant hat sich an Herrn Kleiner ausgetobt. So eine Spur, so eine Schneise in einer rüden Amtsakte will Karsten auch hinterlassen. Besser als gar nichts.

Frau Raschke holt den nächsten Klienten herein, einen bärbeißigen, dicken Mann im Jogginganzug. »Was kann ich für Sie tun, Herr Borchert?«

»So geht das nicht weiter. Das kann ja wohl nicht wahr sein, dass meine Mutter ständig durchs Haus geistert und bei den Nachbarn klingelt. Heute Nacht um zwei Uhr haben Schröders schon wieder bei uns angerufen, wir sollen Mutter ins Bett bringen. Das kann ja wohl nicht wahr sein, wie das Amtsgericht sich Zeit lässt. Ich gehe hier nicht weg, bevor was passiert ist.«

Karsten zuckt zusammen. Die Wut dieses Mannes überrollt ihn, und er beobachtet besorgt Frau Raschke, die dieser Wutwelle standhalten muss.

Frau Raschke schlägt einen versöhnlichen, beruhigenden Ton an: »Ich kann Sie gut verstehen, Herr Borchert. Nach so vielen Monaten ist Ihre Geduld am Ende und die der Nachbarn auch. Aber es wird noch eine Weile dauern, bis die Betreuung bei Gericht durch ist. Was könnten Sie denn tun, um Familie Schröder ein bisschen zu entlasten? Lassen Sie uns mal zusammen überlegen. Von unserer Seite ist alles getan, wir können jetzt nur abwarten.«

Karsten ist überrascht, wie hart und weich zugleich Frau Raschke reagiert. Weich fühlt sie sich in Herrn Borcherts Lage hinein, hart weist sie jegliche Anforderung zurück. Karsten beobachtet verblüfft, wie Herrn Borcherts Wut in wenigen Sekunden zusammenfällt. Man könne bei der Mutter übernachten, deutet Herr Borchert an und bedankt sich schließlich für das Gespräch.

Auch die paranoide alte Frau Stoppek (»Heute Nacht haben sie wieder gestrahlt und meine Arme mit Säure verätzt, sehen Sie hier!«) verlässt verdutzt über die abweisende Anteilnahme das Zimmer, und der junge Mann mit den Mietrückständen und der drohenden Räumungsklage wird postwendend nach Hause geschickt, die fehlenden Unterlagen zu holen.

Gegen 13 Uhr türmen sich fünf Akten vor Karsten, die er erst einmal (wann eigentlich?) lesen soll. Er erinnert sich an das Grundprinzip klientenzentrierter Gesprächsführung: emphatisch die Aussagen des Klienten spiegeln. Frau Raschkes Regel scheint zu lauten: erst einmal den Klienten gegen eine Wand laufen lassen, dann seine Betäubung nutzen, um ihn zurechtzustutzen.

Frau Raschke ist mit dem immer wieder wild klingelnden Telefon beschäftigt und schickt ihn knapp in die Pause.

Karsten schüttelt innerlich den Kopf und öffnet die Tür zum Sozialraum, den ihm Frau Raschke bei ihrem Rundgang kurz gezeigt hat. Ein ungemütliches Zimmer, vollgestopft wie Pausenräume in alten Defa-Filmen. Hier stehen große rechteckige Tische in der Mitte, in eben jenem widerlichen Braunton, in dem die ganze Dienststelle gehalten ist. Die Kaffeemaschine blubbert, einige Frauen öffnen Plastikgefäße mit Salat, Müsli oder belegten Broten, Stulle genannt. Karsten fühlt sich angestarrt. Mike, der langhaarige muskulöse Zivi, will sich einen Döner holen. Ob Karsten mitkommen will? Aber ja, nichts wie raus hier.

Mike ist schon ein halbes Jahr hier und abgebrüht. Er kann alle Gesichter unterscheiden, weiß, wen man duzen oder siezen muss, und hat sich an die Ruppigkeit des Umgangstons gewöhnt. »Die Raschke poltert rum, sonst ist sie aber o.k. Versuch einfach die ersten Tage zu überleben, der Rest kommt von alleine. Fehler machst du sowieso, also versuch gar nicht erst, sie zu vermeiden. Denk dran, dass alle diese Frauen in Wirklichkeit Mütter sind: Sie wollen dich niedlich, artig und hilflos. Wenn de brav bist, darfste nuckeln. Biste unjezogen, jibt's 'ne Schelle.« Mike spricht den rotzigen Berliner Slang, den Karsten bisher für eine Kunstsprache der Kabarettisten hielt. Aber Mikes »ick« und »watt« klingt selbstverständlich, mutig und authentisch. Sie stehen an der Bude, mampfen, sabbern mit scharfer Soße und ziehen über die alten Schachteln her. Karsten holt tief Luft und nimmt sich vor durchzuhalten.

Am Nachmittag brütet er über seinen Akten und lauscht mit halbem Ohr Raschkes Telefonaten. Die Akten bestehen aus getippten oder handschriftlichen Vermerken und Verfügungen, wie er es in Verwaltungskunde gelernt hat. Trotzdem kann er kaum fassen, wie über die Klienten geurteilt wird. Besonders bei den ganz alten, mit verblassender Tinte gekritzelten Aufzeichnungen bleibt ihm die Spucke weg – wenn er sie überhaupt entziffern kann. Wenn eine dieser Fürsorgerinnen seine Bude sehen würde, oder Claudias Küche.

Parallel legt Frau Raschke eine Kassette in ein kleines Tonbandgerät ein und fängt monoton an, in das Mikrophon zu sprechen: »Vermerk 1.3. 98, Punkt. Herr Kleiner ohne Termin in der Sprechstunde, Komma, stark intoxikiert, Punkt. Angeblich sei ihm seine HzL entwendet worden, Punkt. Anzeige hat er nicht erstattet, Punkt. Seiner Forderung nach einer zusätzlichen Zahlung wird nicht entsprochen, Punkt. Herr K. wird von UZ ermahnt, Komma, sich seine HzL einzuteilen, Komma, da er anderenfalls wegen unwirtschaftlichen Verhaltens auf wöchentliche Zahlungen umgestellt werden muss, Punkt. Ende des Vermerks, Unterschrift Raschke. Verfügung erstens: Statistik B, zweitens: Wiedervorlage August 98, im Auftrag Raschke.« Er solle ihr erst mal beim Diktieren zuhören, meint sie mit leicht gerötetem Gesicht, nächste Woche könne er es dann selbst probieren. Das gehe am besten, wenn man alleine sei. Nach einem erneuten Anruf steht Frau Raschke auf und murmelt: »Wir haben eine Meldung.« Karsten liest irritiert in seiner Akte weiter, wird aber von Frau Raschke angeraunzt: »Wir müssen los. Schließen Sie die Akten in den Schrank, melden Sie uns ab, stellen Sie das Telefon um, holen Sie Unterbringungspapiere und warten Sie an der Treppe auf mich. Ich suche uns einen Arzt.«

Karsten rennt verzweifelt herum, er hat nur die Hälfte kapiert. Er findet in der Kanzlei die Sekretärin Wilke, stammelt auf sie ein. Sie zeigt ihm den Schlüssel, das schwarze Brett mit der Anwesenheitsliste, die Mappe mit den Unterbringungspapieren und tippt auf der Menütaste des Telefons herum. Dankbar lächelt er sie an, rennt zurück in Frau Raschkes Zimmer und grapscht seine Jacke.

An der Treppe taucht Frau Dr. Wolff, die Psychiaterin, auf. Sie muss noch aufs Klo, auch Frau Raschke verschwindet wieder. Karsten steht herum wie bestellt und nicht abgeholt. Hat er etwas falsch verstanden? Meldung klingt nach Notfall, nach Feuerwehr, nach Kampf um Leben und Tod. Doch auf dem Weg zum U-Bahnhof Adenauerplatz reden die beiden Frauen über das Wetter, ihre missratenen Söhne und die Gemüsepreise. Frau Dr. Wolff überragt Frau Raschke um einen halben Kopf, einige Strähnen ihres braunen Bubikopfs haben sich widerspenstig quer gelegt. Beide Frauen tragen eine pflegeleichte gefütterte Jacke und flache, praktische Schnürschuhe. Mit ihren großen Umhängetaschen stehen sie in der U 7 wie zwei Hausfrauen auf der Jagd nach einem Schnäppchen. Und Karsten denkt, mit seinem Schulbubengesicht und dem Rucksack über der Daunenjacke könnte er der zurückgebliebene Sohn sein, der eine neue Hose braucht.

Karsten traut sich erst nicht zu fragen, was der Grund für den plötzlichen Aufbruch ist. Mikes Worte im Ohr, dass er sowieso Fehler machen werde, unterbricht er dann doch das Gespräch. Die beiden reden ungerührt über Paprika und Brokkoli weiter und Frau Dr. Wolff antwortet später: »Ein

Hausarzt hat angerufen. Eine demente Frau hat einen Oberschenkelhalsbruch und weigert sich, ins Krankenhaus zu gehen.« Karsten lässt die Worte in seinem Kopf hin- und herkullern, in der Hoffnung, sie könnten ihren Sinn abwerfen. Was hat ein Oberschenkelhalsbruch mit Psychiatrie zu tun? Er nickt wissend und hält für den Rest der Exkursion den Mund.

Am Mierendorffplatz steigen sie aus. Vor einem alten Mietshaus blinkt ein Polizeiwagen und ein Krankentransport. Sie schlängeln sich durch einen vollgerümpelten Flur, werfen einen Blick in ein verkacktes Klo. In der Wohnung drängeln sich Nachbarn und zwei Polizisten. Auf dem Boden liegt eine steinalte Frau und wimmert. Sie schüttelt den Kopf, als Frau Dr. Wolff ihr erklärt, sie müsse jetzt ins Krankenhaus. Sie wolle nach Hause, wimmert sie immerzu, und man solle doch ihre Mama rufen. Frau Dr. Wolff schiebt eine Ecke des Küchentisches frei, Zeitungen und ungeöffnete Post türmen sich. Die Psychiaterin fängt an zu schreiben, während Frau Raschke im Schlafzimmer nach sauberer Wäsche sucht. Karsten muss helfen und kramt verlegen in riesigen fleischfarbenen Schlüpfern herum. Im Badezimmer entdeckt er eine fast borstenlose Zahnbürste, die er sich anzufassen zwingt. Nach zehn Minuten verlassen sie gemeinsam die Wohnung: die Mitarbeiter des Krankentransports mit der Trage, die Polizisten mit ihrem Tätigkeitsbericht, die Nachbarin mit einer Mülltüte, die Raschke mit einem störrischen Lederkoffer.

Nun lohne es sich nicht mehr, ins Amt zurückzugehen, meint Frau Raschke und schickt ihn heim. Karsten versucht in der U-Bahn zu verstehen, was soeben geschah. Er fährt ins flippige Schöneberg, in Claudias Wohnung in der Barbarossastraße, in sein kleines Zimmer. Er hat sich eingerichtet. Er hat seinen Kulturbeutel ins Bad gestellt, sein Rasierzeug. Er hat sich an die verstopften Abflüsse und den quäkenden Anrufbeantworter gewöhnt. Aber mit Claudias ständig wechselnden Launen – völlig verbiestert oder albern aufgedreht –

kommt er nicht klar. Als er nach Hause kommt, sitzt sie, einen Handtuch-Turban auf dem Kopf, am Küchentisch und raucht. Sie fragt nach seinem ersten Tag. »Das schaffe ich nie«, nölt Karsten, »ich verstehe immer nur Bahnhof und weiß gar nicht, was ich sechs Semester lang studiert habe. Wozu haben sie uns die Entstehungsbedingungen sozialer Devianz pauken lassen, wenn wir dann hinterher im Amt sitzen und die Klienten in Nichtsnutze und arme Teufel aufteilen. Nichtsnutze! Echt wahr!«

Karsten merkt, dass Claudia ihm gar nicht zuhört, sich nur zwingt, höflich zu sein. Er verlässt die Wohnung. Unruhig läuft er durch die viel zu breiten Straßen zum Kleistpark, vorbei an den Kneipen, den zwielichtigen Clubs, den Kabaretts, den Dönerständen und Waschsalons. Er läuft bis in die Nacht hinein, bis das Zerren hinter seinem Solarplexus nachlässt.

Karsten hat sich auf einen weiteren hektischen Tag eingestellt und nun passiert gar nichts. Er sitzt an seinem Schreibtisch, Raschke an ihrem. Raschke blättert in Akten und Anfragen herum oder telefoniert, Karsten blättert in Akten herum oder hört zu. Die Wölffin, wie Frau Dr. Wolff im Amt von allen genannt wird, kommt kurz hereingerannt, fragt, ob der Unterbringungsantrag beim Gericht abgegeben worden sei, und ist sofort wieder weg. Raschke scheint jetzt einzufallen, dass da gestern was war. »So was haben wir hier oft. Reine Formalität. Wenn alte Leute nicht ins Krankenhaus wollen, lässt die Feuerwehr sie liegen. Dann wird der Amtsarzt gerufen, der kuckt einmal drauf, schreibt seinen PsychKG-Antrag und ab geht's über den Umweg Psychiatrie ins Krankenhaus. Ein Mordsaufwand für nichts und alle sind zufrieden.« Verwirrt versucht Karsten die günstige Gelegenheit zu nutzen. »Und wie geht es jetzt weiter? Werden wir die Frau im Krankenhaus besuchen und sie nach der Entlassung betreuen?«

Frau Raschke starrt ihn entgeistert an und schlägt ihm vor,

doch alles erst einmal abzuwarten. »Wer weiß, vielleicht stirbt die Olle oder sie wird unter Betreuung gestellt und hospitalisiert. Vielleicht wird sie mit Hauspflege entlassen und wir hören nie mehr von ihr. Für die Zwangseinweisung waren wir zuständig, das ist unser Job. Aber alles andere? Gemach, gemach!«

Die Tür geht auf und ein sehr großer Mensch tritt ein. Karsten sieht einen riesigen Mann mit ungelenken Bewegungen auf sich zukommen, ein struppiger, fast farbloser Pelz bedeckt einen hässlichen Schädel. Der Hüne streckt eine Hand aus, wiehert, kommt immer näher und streicht ihm dann über die Haare. Vor und zurück, vor und zurück und lacht dabei.

»Lass das, Friedhelm«, bellt Raschke ihn an, »du weißt genau, dass du hier nichts zu suchen hast!«

Der Riese verkrallt sich in Karstens kurzen Haaren, Frau Raschke steht auf, bellt noch lauter und er lässt los. Wortlos stapft er aus dem Zimmer. Karsten spürt erstaunt den hausgemachten Techno-Beat in seinem Brustkorb wummern.

»Den Friedhelm schmeißen Sie am besten immer gleich raus«, meint Raschke, »wenn Sie einmal nett zu ihm sind, werden Sie ihn nicht mehr los. Armer Teufel im Übrigen, hatte mal einen Unfall, hirnorganisches Psychosyndrom, glaub ich, weiß ich nicht so genau. Klappert immer alle Zimmer ab, Klüppel ist zuständig. Schmeißen Sie ihn raus, wenn er kommt, sonst kann ich es hinterher ausbaden.«

Gegen 12 Uhr steckt Mike seinen niedlichen Kopf zur Tür rein und zwinkert: »Kommst du mit zum Döner?«

Karsten sucht den Blick seiner Anleiterin, die nickt mehrfach, froh, ihre Ruhe zu haben. Auf dem Weg zur Bude erzählt Karsten von dem stinkenden Klo und der Unterbringung gestern, es quillt aus ihm heraus, Mike versteht nur die Hälfte, denn gegen den Regen haben sie ihre Kapuzen hochgeschlagen, aber das ist auch egal. Sie stellen sich unter, kauen und wischen, und Mike kontert mit der versifften Wohnung, die er gerade entmüllt. Karsten kommt sich jetzt hysterisch vor, wegen dem bisschen Gestank, und meint ganz lässig, dafür sei es heute stinklangweilig.

»Daran wirst du dich auch gewöhnen«, lacht Mike.

»An was?«

»An das Rumgehocke, an das Telefonieren, an das Geblättere in den staubigen Akten. Es gibt hier Leute, die machen nichts anderes, gehen nachmittags ausgeruht nach Hause, und erzählen abends in der Kneipe nach dem Fitnesstraining Beamtenwitze.« Sie lachen und treten von einem Bein aufs andere, rauchen und schlendern zurück.

Nachmittags lässt ihn Frau Raschke allein mit seinen Akten. Sie hat einen Termin, irgendeine ominöse Sitzung, viel mehr erfährt er nicht. Auch morgen früh hat sie einen Termin, da kommt sie erst später. Karsten ist erleichtert, allein zu sein. Aber er fühlt sich auch abgeschoben, ausgesetzt, überflüssig. Wenn das Telefon klingelt, entschuldigt er Frau Raschke – kein Anrufer sagt ihm, was los ist, keiner redet mit ihm.

Frau Raschke hat ihm den Auftrag gegeben, die Akten zu ziehen, die auf Wv. liegen. Wv., hat sie ihm erklärt, heißt Wiedervorlage. Frau Raschke führt einen schmalen Kalender, in dem sie notiert, in welchem Monat eine Akte wieder gezogen, also wieder vorgelegt werden muss. Es handelt sich, hat sie ihm erklärt, um Fälle, an denen man dranbleiben muss, auch wenn keine neue Meldung kommt. Karsten schlägt den schmalen Kalender bei März auf und geht in die Kanzlei. Ab und zu bittet er Carola Wilke, ihm zu helfen, wenn er einen Namen nicht lesen kann. »Ach, Stollmann, Hans-Dieter, da hängt er doch. Und van der Leyden, der ist längst z.d.A., zu den Akten, das sind abgelegte Akten in der Kammer da hinten.« Als Karsten schließlich alle fünfzehn Akten in diversen Schränken gefunden hat, wuchtet er den Berg in Raschkes Zimmer. Der dicke Vorgang »van der Leyden« macht ihn neugierig. Er fängt an zu blättern und liest sich fest. Er liest Vermerke und psychiatrische Gutachten, Entlassungsberichte und handgeschriebene Briefe, Gerichtsbeschlüsse und Protokolle. Zwei Stunden später hat er ein ganzes Erwachsenenleben aufgesogen: Studium, Psychose, Studium, Klinik, Heirat, Selbstmordversuch, eigene Firma, Zwangseinweisung, Scheidung. Karsten denkt an Filme von Fassbinder und Elia Kazan und an sein kleines behäbiges Provinzleben. In dieser Dienststelle existiert also noch eine zweite, aufregende Realität. Oder wird hier nur eine Akte geführt und ein Schicksal verwaltet? Wird er – Karsten Schäfer, 24 Jahre, aus Esslingen, sechs Semester Sozialpädagogik, Hobbys: keine, na gut, Filme gukken – jemanden wie Martin van der Leyden jemals helfen können? Karsten fängt an zu hoffen auf einen Zipfel vom wirklichen Leben und fürchtet sich, ihn festhalten zu müssen.

Am nächsten Morgen quatscht sich Karsten in der Kanzlei fest. Carola Wilke lacht, als er noch einmal fassungslos die alten Karteikästen aufzieht. »Warum ist denn nicht alles längst auf EDV umgestellt? Die Wiedervorlagen wären dann kein Problem, man könnte nichts vergessen. Und diese ewige Sucherei nach laufenden Vorgängen, nach abgelegten Akten, die könnte man doch alle einscannen!«

Carola stöhnt. »Hör bloß auf, ich kann das nicht mehr hören. Davon reden die jetzt schon seit Jahren. Aber es passiert einfach nichts. Mal liegt es am Geld, mal am Datenschutz. Letztes Jahr haben sie im Sozialamt die Zahlungen auf Computer umgestellt und alles ist erst mal zusammen gebrochen. Das war natürlich Wasser auf Raschkes Mühlen – die ist nämlich strikt dagegen. Mir ist es eigentlich egal. Obwohl ich manchmal Angst habe, dass Schreibdienst und Verwaltung dann überflüssig werden könnten. Auf alle Fälle habe ich mich zu einem Computerkurs angemeldet. – Hallo, Horst, schon auf den Beinen?«

Horst Klüppel ist hereingeplatzt. Horst Klüppel, zu jung für seine grauen Haare, ein bisschen zu leise für diese laute

Dienststelle. Er vertritt die Raschke, aus deren Bezirk soeben ein Klient vorgeführt wird. Vorgeführt? Klüppel fragt, ob er interessiert sei, und rennt wieder weg.

Karsten folgt ihm auf den Flur und stößt auf ein ganzes Knäuel von Uniformen. In der Mitte windet sich eine Gestalt in irrer Aufmachung, ein magerer, sehniger Körper, staksige Waden in klobigen Stiefeln. Über einer engen Radlerhose trägt der junge Mann – es ist doch ein Mann? – eine Felljacke, eine schwarze Spitzenstola verhüllt den Hals. Als er sich umdreht, erschrickt Karsten. Eine Taucherbrille macht ihn zum Gespenst. Er gestikuliert wild, rudert mit den Armen, redet ohne Punkt und Komma und lacht über die eigenen Witze. Die Polizisten blicken peinlich berührt zur Seite, ein jüngerer lässt sich provozieren, verwickeln, spottet zurück und blickt Beifall heischend in die Runde. Er reißt dem jungen Mann die Brille vom Kopf, der schreit entsetzlich, entreißt sie dem Polizisten, streift sie sich erneut über.

Karsten folgt Klüppel in das Zimmer von Frau Dr. Wolff, die in ihrem ärmellosen Jersey-Oberteil aussieht, als wäre ihr zu warm. Sie blättert kurz in der Akte, die Horst Klüppel ihr vorlegt. »Saumäßig geführt«, regt sie sich auf, »wann war die letzte Entlassung, wie ist die Medikation? Hat er noch den Platz in der WG oder ist er schon wieder rausgeflogen? Recherchieren Sie mal, Klüppel, wenn ich bitten darf. Und Sie, Herr Praktikant, holen Sie mir doch den Salowski mal rein, die Beamten warten bitte vor der Tür.«

Karsten schlägt das Herz bis zum Hals, als er auf den jungen Boris Salowski zugeht, der ihn sofort am Arm fasst: »Ey Supermann, du hast doch hier bestimmt was zu sagen, ich muss hier sofort wieder weg, hab noch einen wichtigen galaktischen Auftrag zu erledigen!«

Die Beamten bestehen darauf mitzukommen und drängen den aufgedreht tänzelnden Boris in das Zimmer der Psychiaterin. Unwillig kanzelt Frau Dr. Wolff ihn vor den Polizisten ab: »Ich hatte darum gebeten, Salowski alleine zu sprechen.

Aber wenn Sie jetzt schon mal hier sind: Was liegt eigentlich gegen ihn vor? Herr Salowski, wir kennen uns ja schon bestens, setzen Sie sich bitte an den Tisch. Und nehmen Sie diese Schweißerbrille ab, oder was immer das sein soll, ich möchte Ihre Augen sehen.« Erstaunlicherweise reagiert Boris und schiebt die Brille in die Stirn. Zwei tiefdunkle glänzende Augen lassen Karsten nicht mehr los.

Einer der Polizisten zieht einen maschinengeschriebenen Bericht aus der Tasche und übergibt ihn Frau Dr. Wolff. »Er hat in der Fußgängerzone Passanten belästigt und ist dann auf einen Baukran geklettert. Den Bauarbeitern ist es gelungen, ihn runterzuholen.«

»Was wollten Sie denn da oben?«, fragt Dr. Wolff.

»Gucken, wie da oben das Wetter ist«, meint Salowski albern, »ist das etwa verboten?«

Karsten ist überwältigt von Salowskis durchgedrehtem Outfit, von der ungeheuren Elektrizität, die ihn umgibt. Völlig klar, dass der durchgeknallt ist, keine Frage. Karsten versucht, cool zu bleiben, seinen Verstand zu benutzen. Was hat Boris eigentlich getan? Er ist auf einen Baukran geklettert. Na und, ist das etwa verboten? Letzten Sommer war Karsten mit der Clique besoffen auf das eingerüstete Gemeindehaus geklettert – ein Unterbringungsgrund? Trotzdem ist Karsten sich völlig sicher, dass Boris Salowski jetzt zwangseingewiesen wird. Sein Bauch sagt es ihm und sein Bauch hat meistens Recht.

Frau Dr. Wolff bittet die Polizisten nun doch hinauszugehen. Sie nimmt Boris Salowski in die Zange, fragt immer genauer und hartnäckiger, warum er da hochgeklettert ist. Sie fragt, wo er zur Zeit wohnt, wann er seine letzte Spritze bekommen hat, ob er gekifft habe. Boris wird immer nervöser, ungeduldiger, er fährt sich durch die strähnigen dunklen Haare. Seine glänzenden Augen zucken und er brüllt los: »Sie haben doch keine Ahnung! Ich muss die Botschaft verkünden! Ein Auftrag von Cassiopeia! Ich soll ein Zeichen setzen und nun habe ich versagt. Sie haben alles versaut! Lassen Sie mich gehen, Sie haben kein Recht, mich festzuhalten!«

»Ich werde jetzt einen Krankenwagen rufen und Sie in die Klinik bringen lassen. Sie haben eine akute Psychose und Sie sind akut gefährdet. Ich kann Ihnen nur raten, jetzt keine großen Aufstände zu machen, sonst bitte ich die Polizisten, Handschellen zu benutzen. Herr Salowski, Sie kennen doch diese Prozedur, Sie wissen doch, wie das abläuft!«

Karsten wünscht sich, im Boden zu versinken. Er schämt sich für diesen ungeheuer verachtenden Ton, für die Härte, die Gemeinheit. Er kann es einfach nicht fassen. Ein kalter Strahl durchschießt ihn. Frau Dr. Wolff blickt in seine Richtung. »Wie war noch mal Ihr Name? Schäfer? Nun stehen Sie doch nicht rum. Rufen Sie einen Krankenwagen oder können Sie das noch nicht?«

Karsten schafft es gerade noch aus dem Zimmer, bevor er die Fassung verliert. Er beißt sich auf die Lippen und holt tief Luft. Horst Klüppel kommt auf ihn zu, fasst ihn an der Schulter und versucht ihn zu beruhigen. »Ich sage nur noch schnell der Wolff, was ich rausgekriegt hab, dann helfe ich dir. Warte in meinem Zimmer auf mich.«

Karsten sucht Klüppels Zimmer und schnäuzt sich die Nase. »Ich finde das ungeheuerlich, einfach alles. Was hat dieser Boris ihr denn getan, warum ist sie so sauer? Das sind doch alles Schweine hier, die Bullen, die Psychiater, das ganze System! Sieht so eure Hilfe aus?«

Frau Dr. Wolff ruft durch, sie wolle jetzt den Unterbringungsantrag schreiben und Karsten solle bei Salowski im Zimmer bleiben. Irritiert setzt er sich an den kleinen Tisch, vis á vis von Boris. Er weiß nicht, was er sagen soll. Boris steht auf, tänzelt durchs Zimmer. Was, wenn er zur Tür geht? Soll Karsten ihn etwa festhalten? Karsten bittet ihn sitzen zu bleiben, versucht ihn in ein Gespräch zu verwickeln. Wie alt er sei, wo er wohne, was er so mache. Boris reagiert auf jede Frage mit einem angewiderten Gähnen, er spuckt auf den Boden, dreht sich weg. Dann stößt er einen chaotischen Wortsalat hervor, der Karsten unsinnig erscheint, bis sich die Worte »Wolff« und »Schäfer« herauskristallisieren. Boris verhöhnt Frau Dr. Wolff und ihn, Karsten Schäfer, und das gar nicht mal schlecht. »Die Wölffin schickt den Schäfer zum Lamm, das in einer Grube schwamm. Der Schäfer fällt nun auch hinein, da ist das Lamm nicht mehr allein ...«

Karsten lauscht auf den Singsang, versucht sich die Worte einzuprägen. Eine akute Psychose! Er ist aufgeregt und begeistert. Ganz unvermittelt verstummt Boris. Er stellt sich vor Karsten und setzt die Taucherbrille wieder auf. »Und du willst Liebe machen mit einem Mann. Geil! Deshalb bist du doch aus deinem Kaff gekrochen, gell? Da geh erst mal Stiefel kaufen, große feste Stiefel. Gell!« Nach einer kurzen Pause, in der Karsten nach Luft ringt, verfällt Boris wieder in die wilden Rhythmen seiner Sprüche und Reime. Gell. Geil. Gell. Geil. Endlich, nach langen Minuten geht die Tür auf und die Wölffin kommt mit weiß gekleideten Männern herein.

Karsten beobachtet, wie sie den Fahrern des Krankentransports den Unterbringungsantrag aushändigt, wie sie die Polizisten hereinholt, wie die Polizisten den schreienden jungen Mann nun doch packen, ihm schließlich Handschellen anlegen und ihn die Treppe hinunterschleifen. »Fassen Sie mich nicht an. Ich kann alleine gehen!« Abrupt richtet sich Boris auf, wirft den Kopf mit der Stola in den Nacken und schreitet hoch erhobenen Hauptes singend Stufe um Stufe bis zum Krankenwagen.

Karsten sitzt dann noch lange mit Klüppel und Mike im Pausenraum, trinkt Kaffee und raucht. »Wie einen Kriminellen haben sie ihn behandelt, wie einen Mörder oder Dieb. Nein, schlimmer noch.« Jetzt steht er also auf der anderen Seite, bei den prügelnden Sheriffs, den Schweine-Cops. Klüppel erzählt von anderen Unterbringungen, auch Mike hat schon aberwitzige Sachen erlebt. Kollegen kommen dazu, sogar die Wölffin setzt sich kurz. Eine merkwürdige Euphorie ergreift die Gruppe, auch Karsten spürt die freudige Erregung nach einem überstandenen Risiko. Er ist aufgedreht, er läuft über. Jeder erzählt jetzt von Sprungtüchern, Handfesseln und körperlicher Gewalt. Sie reden von Zwangseinweisungen wie die Alten am Stammtisch vom Krieg.

Zu Hause versucht Karsten vor der Glotze bei *T.J. Hooker* (so tief ist er gesunken) abzuschalten. »Paß auf, hinter dir.« – »Das hast du dir so gedacht, Freundchen, jetzt bist du dran.« Peng. Peng. Dschinggg. Peng. Peng. Er wälzt sich in Selbstvorwürfen, bevor er endlich einschläft. Jetzt ist er ein Rädchen im Schweine-System, aber er hat auch von der Essenz gekostet. Von der Essenz des Daseins, vom flüssigen Lavakern, vom Eigentlichen. Die ersten Tropfen der Essenz wandern durch Karstens Blutbahn, docken an seinen Synapsen an, machen die Rezeptoren hungrig nach mehr. Er ist ein hungriges Schwein. Schweißnass wacht Karsten am nächsten Morgen auf. Erleichtert fällt ihm ein, dass er allein war, als Boris ihm die großen Stiefel empfohlen hat.

Frau Raschke fragt ihn neugierig aus. Die erste richtige Unterbringung, der erste akute Psychotiker – wie es ihm ergangen sei? Sie scheint zu spüren, dass er lebendiger ist heute, wacher und gieriger. Und Karsten erzählt ihr ausführlich und mit leuchtenden Augen und dabei wird ihm selbst noch einmal ganz warm ums Herz. Er schwärmt von der wagemutigen Verkleidung, von Boris' atemlosen Wortkaskaden. Natürlich berichtet er nicht von den großen Stiefeln, die hat er schon fast vergessen. Seine Anleiterin scheint das Licht zu kennen, das ihn entzündet hat: »So ein Psychotiker, der richtig akut ist, das hat schon was, nicht?« Sie blickt ihn erwartungsvoll und verschwörerisch an, als habe er seinen ersten Puffbesuch hinter sich und könne endlich mitreden. »Wenn es Sie interessiert, wie es weitergeht, können Sie ja Frau Dr. Wolff beim Gerichtstermin begleiten, falls es dazu kommt. Oder Sie besuchen Salowski einfach mal in der Klinik.«

Karsten bleibt den Rest des Vormittags fast wortlos, vergräbt sich in seine Akten, lauert auf Unterhaltungsfetzen, in denen der Name Salowski auftaucht. Fast erleichtert fügt er sich in die kleine Routine seines Zimmers, die Telefonate, das Kommen und Gehen der Kollegen, Gesprächsfetzen, Klatsch und Tratsch.

Am Nachmittag begleitet er Frau Raschke bei ihrer Hausbesuchstour. Sie fahren mit der U-Bahn zum Heckerdamm in ein trostloses Neubauviertel, Wohnblocks aus den sechziger Jahren, aufgepeppt mit ein paar Glasbausteinen in der Balkonbrüstung oder schmiedeeisernen Schwänen an der Fassade. Auf den abgetretenen Rasenflächen regen sich erste Krokusse, rührend oder lächerlich, Karsten kann sich nicht entscheiden. Hier zu wohnen, hier den Rest eines Lebens zu verbringen erscheint Karsten unvorstellbar. Heftiges Mitleid mit der gesamten Menschheit ergreift ihn.

Frau Raschke marschiert ein scheinbar beliebiges Treppenhaus hoch, sie klingeln, bleiben vor verschlossener Tür stehen. Frau Raschke bummert gegen die Tür, brüllt den Namen der Klientin: »Frau Dietrich, ich bin's, Raschke, machen Sie doch bitte auf«, klingelt und klopft immer heftiger, hebt die Klappe des Briefschlitzes, holt einen Kuli aus der Tasche und drückt die innere Verkleidung hoch. Sie fordert ihn auf, ebenfalls durch den Schlitz einen Blick in den Flur zu werfen. Er erkennt Zeitungsstapel, staubiges Linoleum, eine alte Handtasche. Den süßlichen Geruch – nach Brot, nach vergammeltem Obst? – kann er nicht einordnen.

Sie suchen den Briefkasten im Hausflur, Frau Raschke greift hinein, angelt Reklame. Sie scheint nicht allzu beunruhigt. Sie reißt eine kleine Ecke von ihrem Fahrschein ab und schiebt ihn zwischen Wohnungstür und Rahmen. Er ist kaum noch sichtbar, aber wegfliegen kann er nicht. »Mit dieser Methode habe ich mir schon so manche Türöffnung erspart«, erklärt sie triumphierend, »am Montag kommen Sie bitte noch mal her und schauen, ob das Papierstückchen noch eingeklemmt ist. Ich denke, die Olle will uns nicht aufmachen oder ist gerade einkaufen, aber wer weiß – Kontrolle ist besser. Die Nachbarn machen sich auf jeden Fall Sorgen.«

Wenige Häuserblocks weiter haben sie mehr Glück. Frau Raschke hat sich telefonisch angemeldet und die Familie wartet bereits. Herr Grünthal ist über achtzig, lebt hier allein, notdürftig versorgt von der Schwiegertochter. Grünthal junior ist aufgeregt, sorgfältig werden die Plätze auf dem Sofa und den beiden Sesseln angewiesen. Die junge Frau Grünthal bleibt stehen, holt Kaffee, schenkt ein. Der alte Herr zittert und wakkelt, bemüht sich um eine rudimentäre Konversation. Aus der Strickjacke ragen dünne Ärmchen mit faltigen Fingern, auch am Kopf ist die Haut zu groß geworden für das schrumpfende Skelett. Zwei Elefantenohren hängen ausgeleiert herab. Sorgenvoll zeigt die Schwiegertochter die langen Brandspuren auf der Tischplatte.

»Er hört nicht auf zu rauchen, obwohl wir es ihm verboten haben. Da brennt noch mal die Bude ab. Wenn er wenigstens in der Wohnung bleiben würde. Aber dauernd rennt er durch die Siedlung. Und jetzt haben wir das hier gefunden! Opa, tut mir leid. Aber ich muss das der Dame zeigen.« Frau Grünthal überreicht Frau Raschke sehr angespannt und sehr formell einen Briefumschlag.

Es wird still im Zimmer, Frau Raschke reicht den Brief an Karsten weiter und seufzt auf. Gegen den alten Grünthal ist Strafanzeige erstattet worden wegen unsittlicher Handlungen. »Es wird Ihnen vorgeworfen, sich vor Kindern auf dem Spielplatz im Jungfernheidepark entkleidet zu haben. Sie werden daher aufgefordert …«

Der angegebene Vorladungstermin ist vorbei, alle Anwesenden sind ratlos, schockiert. Karsten mustert noch einmal den alten Mann, diesmal ausführlicher, aber es gelingt ihm nicht, in dem alten Mann einen Kinderschänder zu sehen. Kinderschänder, so heißt so einer im Fernsehen, aber auf dem Sofa sitzt ein wackliger Greis auf der Schwelle zum Tod.

Frau Raschke stellt Herrn Grünthal sanft einige Fragen, aber er ist jenseits von Gut und Böse. Es hat keinen Sinn. Gemeinsam seufzen sie, schütteln den Kopf. Mit wenigen Worten versucht Frau Raschke, den Angehörigen eine Art elementarstes Mitgefühl zukommen zu lassen, aber sie könnte genauso gut sagen, dass das ganze Leben an und für sich ein großes Unheil ist. Sie spürt es selbst und gibt rasch wieder auf. Sie strafft den Oberkörper und verkündet, dass sie mit dem Amtsarzt wiederkomme, um eine juristische Betreuung anzuregen. »Der Betreuer, wahrscheinlich ein Rechtsanwalt, kann dann die Angelegenheiten Ihres Vaters vertreten.«

Die Angehörigen sind fassungslos, fragen nach Ursachen, nach Therapie und schämen sich in Grund und Boden. Karsten blickt hilflos auf Frau Raschke, die meint: »Da bin ich mit meinem Latein auch am Ende. Da müsste man wohl einen Spezialisten fragen.«

Frau Raschke will weiter, drängt auf Abschied, wird aber immer wieder unterbrochen. Noch im Gehen, vor der Wohnungstür stammelt Frau Grünthal: »Die Kinder ärgern ihn doch immer. Vielleicht stimmt das gar nicht. Vielleicht haben die Gören ihm einen Streich gespielt. Ich kann das nicht glauben.«

Praktikant Schäfer und seine Anleiterin Raschke marschieren über die zerrupften Rasenflächen; der Vorfrühling weitet ihre Nasenflügel, Amseln feiern in den Sträuchern ihr Comeback. Frau Raschke versucht einzuordnen, Karsten versucht zu verstehen. »Ist mir auch noch nicht untergekommen, in der Form. Bei jüngeren Männern, klar, auch schon mal bei einer manischen Frau, die hatte sich in der U-Bahn splitterfasernackt ausgezogen, aber so ein alter Opa? Irgendwie ist so was doch immer eklig, abstoßend. Die können einem ja echt leid tun, die Grünthals, die können sich doch hier nicht mehr blicken lassen.«

Auf dem Weg zum nächsten Klienten treffen sie auf eine fremdartige, schwarzhäutige Gestalt. Frau Raschke bleibt stehen, spricht Herrn Marenko an. Ein riesiger Haarberg ist in eine Zipfelmütze gezwängt, die futuristische Sonnenbrille maskiert ihn fast vollständig. Dicke Handschuhe an den Händen, Arbeitsstiefel, ein Daunenmantel – dieser Gnom haust im Freien. Er ist wohl selten in einem Zimmer, nie in einem Bett. Er radebrecht, bittet um Geld, kramt eine kleine Blechdose aus seiner Plastiktüte und stellt sie geöffnet auf eine Parkbank. Er tritt zurück. Frau Raschke legt ein Fünfmarkstück in die Dose, entfernt sich wieder. Herr Marenko klappt mit der Spitze seines dicken Handschuhs den Dosendeckel zu, stellt seine Plastiktüte unter die Dose und schubst sie mit einer kleinen, aber gezielten Bewegung in die Tüte. Er verbeugt sich mehrfach, murmelt: »Danke, vielen Dank«, und macht sich hastig davon.

Raschke biegt ab, Karsten folgt und sie klingeln an der nächsten Tür. Eine junge Frau, Pflegerin bei einem privaten Pflegedienst, öffnet die Tür, freut sich offenherzig, strahlt und lacht, ihr osteuropäischer Akzent funkelt. Auch Raschke und Karsten strahlen jetzt, die Patientin im Krankenbett ruft ungeduldig. Sie gruppieren sich um das Bett, alle fragen und erzählen, lachen und sprühen um die Wette. Frau Raschke zieht die Akte der Patientin aus ihrer Tasche, gemeinsam gehen sie die Pflegemodule durch, diskutieren feine und kleine intime Details: »Die erweiterte Morgentoilette lassen wir mal, die brauchen Sie ja sicher noch. Wie ist es denn mit dem Essen? Jeden Tag kann ich die Zubereitung einer frischen Mahlzeit nicht genehmigen, zu Hause kocht man ja auch für zwei Tage, wärmt sich was auf, oder? Sollen wir nicht einen fahrbaren Mittagstisch bestellen?«

Die beiden Frauen, Patientin und Pflegerin, kichern verschmitzt. »Swetlana bringt mir doch immer Essen von zu Hause mit, fertig gekocht, die macht einfach ein bisschen mehr! Und das schmeckt vielleicht!« Karsten wird richtig neidisch auf diese lustige Runde, jetzt scheint auch noch die Sonne und Reflexe tanzen auf der strahlenden Bettwäsche.

»Wir telefonieren noch mal und rechnen alles durch. Faxen Sie mir doch die neue Modulaufstellung. Das mit dem Mittagessen müssen wir noch mal besprechen.«

Beschwingt schlenkert Karsten auf der Treppe seinen Rucksack und redet auf Frau Raschke ein. Anderen Leuten helfen, so wie Swetlana, unterstützen und beistehen, das ist soziale Arbeit. Frau Raschke dämpft ihn: »Die wird nicht mehr lange leben, die lustige Frau. Multiple Sklerose im Endstadium, das dauert nicht mehr lange. Und wenn es lange dauert, wird es grauenhaft. Und wie ich das mit den Modulen machen soll, ist mir auch noch schleierhaft. Wenn die das fertige Essen von zu Hause mitbringt, kann sie doch nicht das Kochen abrechnen, das ist doch nicht koscher!«

Karsten fällt in sich zusammen. Schon wieder steht er auf der anderen Seite, bei den Controllettis, den Staatsbütteln. Übelkeit steigt in ihm auf, senkt sich zäh über seine Aufgekratztheit. Den letzten Hausbesuch bei einem alkoholkranken Rollstuhlfahrer im Wiersichweg lässt er fast unbeteiligt an sich vorbeiziehen – nur ein durchdringender Gestank nach Weinbrand, kalter Asche und billigem schwarzem Tabak setzt sich in seiner Nase fest.

Für heute hat Karsten die Nase voll von anderen Menschen. Die Gesichter in der U-Bahn bedrängen ihn, er klemmt sich in eine Ecke. In der Wohnung läuft die Stereoanlage, Claudia wirbelt nervös herum, fummelt an ihren Haaren, der Flur ist übersät mit Klamotten, Schuhen, Tüchern. »Wie findest du das?«, posiert sie vor ihm herum und ist wieder draußen. Schon wieder ist er flüchtiger Zuschauer, Statist, bedrängt und belästigt. Er schmeißt sich vor den Fernseher. Die monotone Dialog-Liturgie der Vorabendserien – *Verbotene Liebe, Marienhof* – beruhigt ihn: »Ich liebe dich doch auch. Wir müssen miteinander reden. Es ist alles ein riesiges Missverständnis.« Strahlend weiße Krankenschwestern, intrigante Freundinnen, zickige Mütter. Männer sind entweder hinterhältige Bösewichte, tumbe edle Ritter oder nett, harmlos und homosexuell. Die Welt ist in Ordnung. Karsten entspannt sich und dämmert noch vor der Spätausgabe der Berliner Abendschau weg. Claudias Gekicher nach Mitternacht treibt ihn in sein Bett; am nächsten Morgen, einem fauligen, nebligen Samstag, steht ein Typ am Herd und brät Spiegeleier. Grüßt augenzwinkernd. »Es gibt doch nichts Besseres als ein dickes Frühstück nach einer durch – du weißt schon – Nacht.« Karsten dreht um und legt sich noch mal flach.

Karsten kontrolliert seinen Rucksack. Frau Raschke fragt ihn noch mal ab. Er hat die Akte von Frau Dietrich, die wichtigsten Telefonnummern, eine Taschenlampe, Visitenkarten des Bezirksamts, seine Praktikumsbescheinigung als Dienstausweis, Kuli, Notizbuch, ein paar Einweghandschuhe, Antragsformulare. »Wenn der Papierschnipsel nicht mehr steckt, ist alles o.k. Klingeln Sie, und wenn Frau Dietrich Sie reinlässt, sagen Sie einen Gruß von mir. Fragen Sie, ob Sie was einkaufen sollen. Wenn der Schnipsel noch steckt – na dann weiß ich auch nicht so recht. Dann rufen Sie mich an. Oder – noch besser – nehmen Sie Mike mit, der hat schon Erfahrung.«

Karsten und Mike ziehen gemeinsam los, befreit, unbeschwert. Sie albern in der U-Bahn herum, tauschen Filmtipps aus. »Hast du auch 'ne Kinoknäcke?«, meint Mike. Karsten sieht ihn verständnislos an. »Na' 'ne Film-Meise, 'ne Macke, einen ständigen Jieper auf alles, was sich auf einer Leinwand oder einer Mattscheibe bewegt!«

Karsten lacht und nickt heftig. »Ja, wenn das eine Filmknäcke ist, dann hab ich die auch.« Mike packt ihn an der Schulter: »Ey Alter, wir könnten mal zusammen ins Kino gehen, am besten in eine Spätvorstellung am Wochenende.«

Karsten nickt heftig. »Au ja. Am besten in eine Schnupper-Preview, das gab's in Esslingen natürlich nicht, dass man einen Film schon mal vorab zu sehen kriegt.« Karsten freut sich und sucht lächelnd den Blick von Mike, aber der stemmt schon die Waggontür auseinander.

Der Schnipsel steckt noch zwischen Tür und Rahmen, Frau Dietrich hat also die Wohnung nicht verlassen. Sie klopfen, sie bummern. Der Geruch von Freitag hat sich verstärkt, er ist noch süßer geworden. Es riecht nicht mehr nach altem Brot, sondern nach etwas anderem. Karsten weiß, dass er den Geruch kennt. Er kann sich einfach nicht erinnern. Eine Nachbarin steckt den Kopf aus der Tür. »Die haben wir lange nicht gesehen. Sonst hat die doch immer nachts geschrien, jetzt war Gott sei Dank Ruhe.«

Sie diskutieren mit der Nachbarin, ein junges Mädchen kommt dazu. »Vielleicht kann man bei uns rüber, über den Balkon. Vielleicht ist ein Fenster offen!« Karsten und Mike folgen ihr, grinsen über riesige Pferdeposter und den Bravo Starschnitt, blonde Strahlebubis mit dicken Ohrringen. Mike stellt einen Fuß auf das Balkongeländer und springt lässig auf Frau Dietrichs Balkon. Karsten schneidet ein paar Grimassen, zieht seinen Bauch ein und wälzt sich dann hinterher. Mike lacht, als er sich ächzend plumpsen lässt. Sie pressen ihre Gesichter an das Fenster mit den fahlen Stores, an die Scheibe der Balkontür. Karsten ist aufgeregt, er hat Angst. Er entdeckt Füße, ein Stück Beine, den Saum einer blau gemusterten Kittelschürze. Frau Dietrich ist in der Tür zum Wohnzimmer gestürzt und liegen geblieben. Einfach abgestürzt, zwischen Quetschkartoffeln und Glücksrad. Ob sie noch lebt? Ob sie schon letzten Freitag da lag, als er mit Raschke an der Tür stand? Mike und Karsten debattieren. Mike möchte sofort die Scheibe einschlagen, er vibriert vor Tatendrang, Karsten hält ihn zurück: »Cool bleiben, Mann!« Also zurück zu den Pferdepostern, ob man mal telefonieren könne? »Aber sicher.« Sie werden aufgeregt gemustert, die schlaksige Sabrina hat inzwischen ihre Freundin von Parterre dazugeholt. Kichern und Prusten. Sabrina fragt Karsten, warum er so komisch redet. »Schwäbisch?«, wiederholt sie. »Was soll denn das für ein Land sein?« Mike wählt die 110. »Verdacht auf Unglücksfall«, die Formel prägt sich Karsten sofort ein.

Verlegen stehen sie im Treppenhaus herum, die Mädchen tuscheln. Schwere Stiefel poltern auf der Treppe. Feuerwehrmänner in dunklen Uniformen, mit altmodischen Helmen drängen an ihnen vorbei auf den Balkon. Inspizieren Frau Dietrichs Wohnungstür. Mike bläst sich auf und erstattet Bericht. Schon Sekunden später klirrt die Scheibe der Balkontür, Karsten und Mike beäugen sich ratlos, bleiben einfach stehen. Polizisten treffen ein, stapfen hinterher. Die ganze Angelegenheit entgleitet ihnen, Karsten weiß nicht, wie er das Ruder wieder in die Hand kriegen soll. Und wenn, was könnte er tun?

Frau Dietrichs Wohnungstür wird von innen geöffnet, ein Schlüsselbund rasselt, Uniformen wechseln jetzt die Richtung, weg vom Balkon, drängen sich aneinander vorbei, Funkgeräte schnarren und wispern, Geräte werden geordert, der Notarztwagen gerufen. Karsten und Mike quetschen sich in den Flur, werfen einen kurzen Blick auf die dicke Frau, die in die stabile Seitenlage gewuchtet wird. Wieder werden sie beiseite gedrängt: »Machen Sie doch bitte Platz, Sie behindern ja unsere Arbeit.« Neue Farben kommen ins Spiel, eine junge Ärztin in roter Jacke betritt mit ihrem elastischen Team den Flur. »Wer weiß denn was über die Frau, Alkohol, Tabletten, Vorerkrankungen, Selbstmord?«

Karsten bleibt stumm, zieht flatternd seine dicke Akte aus dem Rucksack, findet sich so schnell nicht zurecht. Die Ärztin wendet sich mürrisch ab, während ein Polizist ihn gierig ins Treppenhaus bittet. »Sie haben die Personalien?«, fragt er und tippt auf den knallroten Aktendeckel. »Gibt es Angehörige? In der Wohnung ist ein toter Hund, der liegt da schon 'ne Weile. Darum kümmern wir uns nämlich nicht!« Karsten fühlt sich überfordert, er schafft es nicht, aus diesem Wust von Blättern die gewünschten Daten herauszufischen. Mike ist inzwischen verschwunden, Karsten möchte weglaufen. Wut und Verzweiflung branden in ihm auf, der Polizist dreht sich zur Seite, eine Nachbarin redet auf ihn ein.

Karsten findet Mike bei den Pferdepostern, vom Balkon sehen sie gerade noch, wie Frau Dietrich auf einer Trage zum Notarztwagen gerollt wird, dann ist es still. Sie gehen zurück ins Treppenhaus. Karsten prüft noch einmal den Geruch und muss plötzlich an den alten Schäferhund seiner Oma denken, einen hinkenden, rülpsenden Köter, den er als Elfjähriger tot im Schuppen fand. Er sieht sich nach Mike um. Sie sind allein. Sie stehen vor der geschlossenen Wohnungstür, starren auf das Namensschild »Dietrich«. Irgendetwas ist schief gegangen, Karsten hat ein flaues Gefühl. Sie fahren zurück zum Amt und reden sich gegenseitig gut zu. Gemeinsam beschimpfen sie Frau Raschke, die ihnen diese Lage eingebrockt hat. Insgeheim beschimpft Karsten Mike, den er seit einer Stunde für einen Angeber hält, einen aufgeblasenen Besserwisser. Schließlich beschimpft er nur noch sich selbst.

Aufgeregt stehen sie später vor Frau Raschkes Schreibtisch. Die bleibt völlig ungerührt, stellt unzählige Fragen, die nicht zu beantworten sind. »Was ist nun mit Frau Dietrich? Ist sie tot? Wo ist sie hingekommen? Wer hat die Wohnung gesichert? Das kann doch nicht wahr sein, dass Sie gar nichts wissen? Sie waren doch vor Ort! Dann klären Sie das mal telefonisch. Und schreiben Sie einen schönen Vermerk, auf alle Fälle. Wer weiß, was da noch nachkommt!«

Karsten ruft die Polizei an, die Krankenhäuser, erzählt umständlich seine Geschichte. Er geniert sich, in Raschkes Anwesenheit zu sprechen. Ihre schneidende Verachtung schwebt im Raum. Natürlich. Es klappt nicht. Entweder stellt er die falschen Fragen oder man nimmt ihn nicht ernst. Stöhnend übernimmt Raschke den Hörer, verlangt Auskunft mit klarer, fester Stimme. »Die Dietrich liegt im Sankt Gertrauden, ist noch unklar, ob sie durchkommt. Wohl eher nicht. Mehr krieg ich auch nicht raus. Der Sozialdienst kümmert sich um den toten Hund. Schreiben Sie das mal auf, handschriftlich, dass die Akte auf dem Laufenden ist. Und dann machen Sie Schluss für heute!«

In der lauten Wilmersdorfer, der Fußgängerzone, gelingt es Karsten nicht abzuschalten. Für das Kino ist es noch zu früh. Immer wieder wallt der Feuerwehreinsatz durch seinen Schädel, poltert und knallt, quiekt, klirrt und wispert. Karsten läuft durch die Seitenstraßen, biegt immer wieder ab, bis er wieder auf den Ku'damm stößt.

Als Schneeregen einsetzt, flüchtet er zu WOM, klappert sich durch die CDs. Neben ihm albern zwei arrogante Typen herum, sie spreizen die beringten Finger, imitieren – eins und eins, das macht zwei – die Knef. Der eine fragt Karsten, wo die Chansons stehen, der murmelt: »Keine Ahnung.« Sie fummeln aneinander herum und gurren ihn an: »Ach Gottchen. Ein Landei!«

Karsten verlässt irritiert den riesigen Laden, nimmt die U-Bahn und sucht Zuflucht vor seiner Glotze. Blaulicht blinkt, Mund-zu-Mund-Beatmung, Rettungshubschrauber, Inkubator, Kanülen und militärisch exakte Medikamentenkürzel. Eine Vorabendserie mit Notärzten, Sanitätern und Hubschraubern läuft gerade: Rette mich. »Mich auch«, grummelt Karsten.

Die Wölffin nimmt Karsten mit in die Nervenklinik. Raschke will, dass er während seines ganzen Praktikums den Kontakt zu Boris Salowski hält, fünf Einzelfälle mindestens soll er federführend betreuen. Auf der langen Autofahrt in die Klinik spricht er die Wölffin auf den Einsatz bei Frau Dietrich an. Sie ist, das weiß man inzwischen, auf dem Weg ins Krankenhaus gestorben. Woran, das wird man wohl nie erfahren. »Selbst wenn eine Obduktion angeordnet wird, erfahren wir das Ergebnis höchst selten. Und die Dietrich war schon alt, die Wohnung war ja zu, da ist wohl Fremdverschulden ausgeschlossen. Das haben Sie doch ganz gut gemacht, mit dem Balkon und der Feuerwehr. Hätte ja noch klappen können, wären Sie einen Tag früher drangewesen.«

Karsten fasst Vertrauen und erzählt, wie ihm alles aus der

Hand geglitten ist. »Am Schluss waren die alle weg, und ich wusste nicht mal, was eigentlich los war.«

Die Wölffin lacht. »Das ist immer so, das hätte mir auch passieren können. Da müssen Sie schon gewaltigen Respekt verbreiten, dass dieser Apparat auf Sie reagiert. Wenn die Feuerwehr erst mal das Kommando hat, haben wir nicht mehr viel zu melden. Machen Sie sich mal keine Gedanken, das ist alles halb so wild.«

Karsten macht noch ein paar Anläufe. Dass Frau Dietrich noch leben könnte, wenn .... Dass man schon am Freitag die Wohnung hätte ... Die Wölffin wird ungeduldig. »Das müssen Sie sich schnell abgewöhnen, das ›Hätte‹ und ›Wenn‹. Wenn wir darüber nachdächten, hätten wir alle keine Ruhe mehr. Hätten Sie Frau Dietrich eher gefunden, dann läge sie jetzt vielleicht wochenlang an zig Schläuchen. Es kommt, wie's kommt. Wer weiß, wozu's gut ist.« Ihr Schweigen zeigt, dass das Thema beendet ist.

Sie halten an der Pforte, Frau Dr. Wolff streckt ihren Dienstausweis hoch, der Pförtner winkt sie jovial durch. Sie parken zwischen den Backsteingebäuden, die ihn an seine Grundschule erinnern, und spazieren durch eine gepflegte Anlage, auf geharkten Wegen. Einzelne Männer und Frauen stehen am Rand, sitzen auf Bänken, Karsten starrt angestrengt an ihnen vorbei. Er muss einen normalen Blick einüben, ganz locker und selbstverständlich will er sie betrachten. Aber das haut noch nicht hin, er ist viel zu aufgeregt. Nürtingen fällt ihm wieder ein, der Besuch bei Ronnie, dem durchgeknallten Freak, auch damals säumten diese ruhig gestellten Zombies die Parkwege.

Die Wölffin läuft zielstrebig, rennt fast. »Wir sind ein bisschen spät. Richter Gerling wird schnell sauer.« Sie klingelt an einem der Gebäude, Station 7, rennt an einer verglasten Kabine vorbei, betritt ohne zu klopfen einen kleinen Raum. Erwartungsvolle Gesichter, ein Stuhl wird zurechtgerückt. »Ich habe heute einen Sozialarbeiter-Praktikanten mitgebracht, Herrn Schäfer, ich nehme an, das geht in Ordnung.«

Ein junger Mann im Tweedanzug nickt, räuspert sich, blättert in grauen Aktenbänden. »Herr Peters, würden Sie den Herrn Gürpinar hereinbitten?« Herr Peters, der Stationsarzt kommt mit einem schläfrigen stämmigen Türken zurück. »Herr Gürpinar, ich sage Ihnen kurz, wer hier anwesend ist. Ich bin der Richter, mein Name ist Gerling. Das hier ist Frau Dr. Wolff vom Gesundheitsamt, Herr Schäfer ist Sozialarbeiter, äh, Praktikant beim Gesundheitsamt, Frau Dreesen schreibt das Protokoll und Herrn Peters kennen Sie ja. Herr Gürpinar, wir haben uns ja letzte Woche schon gesehen. Da waren Sie erst einen Tag hier. Ich hatte die Unterbringung für eine Woche beschlossen. Jetzt meint Dr. Peters, dass Sie noch hier bleiben müssen. Was sagen Sie denn dazu?«

Karsten versteht kaum, was Herr Gürpinar sagt. Seine Sprache ist verwaschen, er hat Mühe ruhig sitzen zu bleiben. Herr Gürpinar meint, er wolle nach Hause zu seiner Frau und den Kindern, es gehe ihm schon viel besser und er könne wieder gut schlafen.

Dr. Peters schaltet sich ein: »Sie müssen aber noch hier bleiben. Sie hören noch Stimmen und es könnte sein, dass Sie sich wieder in Gefahr bringen.«

Herr Gürpinar blickt unruhig umher, steht auf, will den Raum verlassen. Der Stationsarzt steht auf, nimmt Herrn Gürpinar am Arm, der setzt sich wieder. »Na gut, dann bleibe ich eben noch. Aber nur bis Ostern.«

Die Anwesenden lächeln Herrn Gürpinar an, nur Herr Peters wirkt geknickt. »Das müssen Sie mir dann aber auch unterschreiben, Herr Gürpinar. Und bitte nehmen Sie die Medikamente ohne dieses Theater jedesmal.«

Der Richter nickt heftig: »Da müssen Sie sich auch dranhalten, Herr Gürpinar, ich verlasse mich auf Sie!« Der Richter fragt den Stationsarzt Dr. Peters und die Wölffin, ob die Freiwilligkeit von ihnen akzeptiert wird. Beide nicken.

Als Herr Gürpinar draußen ist, fängt Dr. Peters an sich zu rechtfertigen.« Noch heute Morgen hat er sich geweigert, er war nicht zu überzeugen. Es tut mir leid, dass wir ganz umsonst getagt haben. Da hätte der Termin ja entfallen können.«

Frau Dr. Wolff schaltet sich ein. »Lassen Sie's gut sein, Herr Peters. Wir wissen doch alle, wie so was läuft. Warten wir's ab. Vielleicht bleibt er ja freiwillig. Sonst sind wir wieder schlauer. Akzeptieren musste man die Freiwilligkeit, denke ich, auch wenn Ihnen ein neuer Unterbringungsbeschluss lieber gewesen wäre. Da sind die Anwesenden sich hoffentlich einig.«

Die Protokollführerin funkt dazwischen: »Herr Peters, haben wir Ihre Angaben schon?«

Herr Peters blickt ratlos in die Runde.

Die Wölffin lacht. »Ach so, Sie sind noch neu in dem Geschäft! Kein Wunder. Frau Dreesen braucht Ihre Kontonummer, damit das Gericht Ihnen die Sachverständigenvergütung überweisen kann.«

»Ach so. Ich schreib's Ihnen auf«, sagt er mit hochrotem Kopf.

Richter Gerling schaut zufrieden in die Runde. Er räuspert sich. »Das ging ja schnell. Da haben wir die kleine Verspätung, die uns Frau Dr. Wolff eingebrockt hat, wieder eingeholt. Als Nächster kommt Herr Salowski, können wir ihn reinholen? Das ist ja immer schwierig mit ihm, erinnere ich mich.«

Herr Peters verlässt den Raum, Yvonne Berger-Odenthal, die junge Ärztin, die je zur Hälfte in der Klinik und im Amt arbeitet, kommt zusammen mit Boris Salowski herein. Karsten mustert ihn erwartungsvoll und verlegen, aber Boris scheint ihn nicht zu erkennen. Boris trägt eine Jeans und einen Pullover und ist heute ganz gesittet gekleidet, nur die schwarze Stola hat er sich um den Hals geknotet. Er setzt sich auf den Stuhl, der ihm angewiesen wird, stützt die Ellbogen auf den Tisch.

»Herr Salowski, wir kennen uns ja. Die Frau Berger-Odenthal meint, Sie müssen noch hier bleiben und behandelt werden. Wie sehen Sie das denn?«

Boris lacht hämisch. »Sie sind sich wieder mal alle einig. Sie machen ja doch, was Sie wollen. Aber wenn Sie's wissen wollen: Ich bin zu Unrecht hier. Das werden Sie alle noch bereuen. Und jetzt basta!« Er verschränkt die Arme vor der Brust, senkt den Kopf und starrt trotzig vor sich hin.

Karsten ist enttäuscht. Boris glasklare, schneidende Sprache ist stumpf geworden, stumpf wie seine dunklen Augen, die ihn bei der Unterbringung wild angefunkelt hatten. Boris ist erloschen.

Sein abgebremstes Wippen und Treten, hin und her, vor und zurück lässt Karsten ahnen, dass in ihm noch dieselbe ungestüme Kraft wütet, medikamentös blockiert, eingesperrt in einen Käfig aus Haut und Fleisch. Der Richter stellt Fragen, er lockt und reizt, aber Boris spricht nicht mehr, er verlässt seinen Hinterhalt nicht.

»Frau Dr. Berger-Odenthal, Ihr Gutachten bitte.«

»Herr Salowski befindet sich das fünfte Mal in stationärer Behandlung in unserer Klinik. Er leidet an einer akuten Exazerbation einer schizoaffektiven Psychose. Zur Unterbringung kam es, nachdem Herr Salowski davon überzeugt war, die Menschheit vor einem Gasangriff außerirdischer Wesen warnen zu müssen, weshalb er auf einen Kran geklettert war. Bei der Aufnahme fiel uns eine Logorrhöe mit Assoziationsstörungen und Ideenflucht auf. Da Herr Salowski anfangs jegliche Nahrungs- und Flüssigkeitszufuhr verweigerte, behandelten wir ihn notfallmäßig mit Ciatyl Akuphase, was zu einer sofortigen Besserung führte. In den folgenden Tagen musste Herr Salowski mehrfach fixiert werden; er verweigert inzwischen erneut die Medikation. Es besteht nach wie vor akute Selbst- und Fremdgefährdung. Wir werden beim zuständigen Amtsgericht die Einrichtung einer Betreuung für die Wirkungskreise Aufenthaltsbestimmung und Zustimmung zur Heilbehandlung anregen. Eine Unterbringung für vier Wochen ist erforderlich.«

Der Richter nickt verständnisvoll, er scheint jedes Wort verstanden zu haben. Frau Berger-Odenthal lächelt; mit ihrer feinen dünnen Stimme und ihrem rheinischen Akzent hat sie einen ganz neuen Ton in den Raum gebracht. Auch Boris grinst vor sich hin. Der Richter hakt nach: »Sind wirklich vier Wochen erforderlich? Herr Salowski, können Sie sich nicht doch dazu durchringen, die Medikamente zu nehmen? Vielleicht werden Sie ja dann schneller wieder gesund. Was meinen Sie, Frau Berger-Odenthal?«

Die junge Ärztin streicht ihre rote Mähne zurück, denkt einen Moment nach und formuliert dann: »Aus vorangegangen Aufenthalten wissen wir, dass Herr Salowski sehr gut auf Fluanxol anspricht. Damit ist eine rasche Reduktion der psychotischen Gespanntheit zu erzielen, so dass dann eine eher soziotherapeutische Behandlung ansetzen kann.«

Boris hält es nun nicht mehr aus: »Abgespritzt haben mich diese Ober-KZ-Aufseher, zum Hampelmann gemacht. Spritzen und Anschnallen, was anderes ist hier ja nicht drin. Es hat ja doch keinen Zweck. Vergiss es. Vergiss es!« Boris schneidet eine Grimasse und verlässt den Raum.

Kollektives Aufatmen, man kennt das ja zur Genüge. Die Wölffin nickt, Berger-Odenthal nickt, der Richter diktiert: »... wird die Unterbringung für vier Wochen, längstens bis 4. Mai angeordnet«.

Karsten ist verwundert über den Aufwand, die vielen hochkarätigen Anwesenden, die komplizierten Formulierungen. Aber ihm schwant, dass nur ein klebriger Zuckerguss die einfache bittere Pille verhüllt: Boris will gehen und muss bleiben, Boris will keine Medikamente, wird sie aber schlucken müssen. Ein Funke Schadenfreude blitzt in Karsten auf: Der mächtige Boris, der ihm mit seinen großen Stiefeln so zu schaffen gemacht hat, ist jetzt ganz klein. Boris mit seinen Weisheiten, seinen Prophezeiungen, der alle in seinen Bann gezogen hatte. Hier ist er ein armes Würstchen und keiner nimmt ihn ernst.

Nach kurzem Geraune verlassen alle den Raum. Die Wölffin quatscht noch mit dem Richter, Karsten bleibt unsicher im Stationsflur stehen. Yvonne Berger-Odenthal entdeckt ihn, führt ihn herum. »Vor ein paar Jahren gab es hier noch echte Wachsäle, hab ich gehört. Jetzt sind höchstens fünf Betten in einem Zimmer.«

Karsten beobachtet den Bewegungsfluss an den Zimmern vorbei, durch den Tagesraum, in die Eingangshalle und wieder zurück. Männer in Schlafanzügen, Flügelhemden und Jogginganzügen schlurfen, setzen sich ab und zu, rauchen, schlurfen weiter. Berger-Odenthal setzt das Stakkato ihrer hohen Absätze dagegen; zielgerichtet stöckelt sie an den tapsigen Männern vorbei, Karsten im Schlepptau. Der Männerfluss zentriert sich, richtet sich aus. Große Rollwagen mit Styroporbehältern werden in den Tagesraum gerollt, von den ersten Portionen strömt archetypischer Kantinenduft, eine Melange aus Kohl, Bratensoße und Fett.

Plötzlich steht Boris Salowski neben ihm, Karsten zuckt zusammen. »Ich hab mal eine höfliche Frage. Haben Sie vielleicht ein paar Zigaretten für mich oder fünf Mark? Sie bekommen es auch zurück, garantiert.« Boris sagt nicht Kippen oder Fluppen; er spricht akzentuiertes künstliches Hochdeutsch, er verrenkt sich.

Karsten fummelt ein angefangenes Päckchen aus der Hosentasche und kramt in seiner Geldbörse. Er drückt Boris einen Schein in die Hand, der murmelt »Danke« und wendet sich sofort ab. Jetzt ist Boris endgültig ein armes Würstchen geworden, ein bettelnder, abgerissener Junge. Karsten gibt sich einen Ruck: Wer braucht denn jetzt die großen Stiefel?

Eigentlich ist doch gar nichts passiert

Anfang April schleicht sich eine erste Vertrautheit ein. Karsten ist stolz, dass er nach vier Wochen im Amt leidlich durchblickt. Gesichter kristallisieren sich heraus, verknüpfen sich mit Namen. Manchmal geht er sie alle der Reihe nach durch. Oder er nimmt das Telefonverzeichnis und hakt ab. Turnschuh-Raschke, voll beschäftigt mit ihren flügge werdenden Söhnen; eine Spur zu deftig, aber im Grunde gar nicht so übel. Die Wölffin, prall und schnell, immer überhitzt, so viel Erfahrung, dass sie fast platzt. Und launisch. Karsten nimmt sich in Acht. Horst – stille Wasser sind tief – Klüppel, der freundliche, empfindsame Sozialarbeiter, der sein Leben woanders lebt. Klüppel hat Ahnung, aber schlechte Nerven, er macht Karsten neugierig. Regine Michalke, auch noch ziemlich neu, heult manchmal auf dem Klo. Ob die Arbeit sie mürbe macht oder eine private Tragödie, ist noch nicht ganz raus. Mike, der Zivi, ist für Karsten schon fast ein Freund, na ja, seit dem Flop bei Frau Dietrich nicht mehr so ganz. Sekretärin Carola Wilke in der Kanzlei rettet ihn fast täglich, was täte er ohne sie. Nur vom Sehen kennt er die dralle Frau Thomalla, eine von den älteren Semestern, und Yvonne Berger-Odenthal, die junge rot gelockte Ärztin, die halbtags in der Klinik arbeitet. Über einige Namen grübelt er noch, die sind wohl in Urlaub oder krank. Auch eine Psychologin steht auf der Liste, er kann sie nicht zuordnen.

Auf Karstens Schreibtisch liegt ein eigener Kalender, kostbare Termine hat er sorgfältig eingetragen: die Sprechstunden, Dienstag und Donnerstag, die Praktikantenbesprechung, Raschkes Tagesdienst, Raschkes Spätdienst, die wenigen Hausbesuche, zu denen sie sich bereits schriftlich angekündigt haben. Die Woche verrät ihren Rhythmus, sie tut so, als wäre sie berechenbar. Tage, auf die er sich freut, Tage vor denen er Schiss hat. Die Sprechstunde mit ihren neuen Gesichtern und anregenden Gesprächen, die Besprechungstage, an denen es im Team knirscht und Raschke ungenießbar wird. Die Woche im Amt tut so, als ginge alles nach Plan: Akten lesen, diktieren, Telefonate. Die Woche im Amt gibt sich wie ein preußischer Beamter: links, zwei, drei, rechts, zwei drei. Aber eine kleine atmosphärische Störung genügt, das Fingerschnipsen eines höheren Wesens und Uniformierte trampeln über den Hof: grasgrüne Polizisten, die schneeweißen Fahrer der Krankentransporte, dunkelblau und rot die Männer von der Feuerwehr. Sie wissen alle nicht, warum der eine Morgen ruhig ist, der andere turbulent. Sie haben Theorien, jeder eine andere, wilde Spekulationen zu Mondphasen (bei Vollmond knallt man durch), Jahreszeiten (mit den Trieben treiben die Psychosen, wenn sich alles paart, trauert der Depressive) und zum Wetter. Stürmt es draußen, unkt die Wölffin, dass es bald losgehen werde, während Raschke den Freitag ab 13 Uhr und jeden Tag vor einem Feiertag als besonders meldungsträchtig im Verdacht hat. »Da will doch jeder die senile Oma unter Dach und Fach bringen oder den lauten Nachbarn, der immer besoffen in den Hausflur pinkelt.« Noch hält sich Karsten am Zeitgitter der Wochentage fest, Sprechstunde, Tagesdienst, Hausbesuche. Aber er lauert schon auf die Zugaben, auf die Extraportion Adrenalin.

Die große Kunst, sich unsichtbar zu machen, beherrscht Karsten immer besser. Manchmal ist er stundenlang damit beschäftigt, sich selbst völlig aufzulösen und nur noch zu beobachten. Er fixiert einzelne Gesichter minutenlang; er fixiert Gesichter, die andere Gesichter beobachten, die wieder andere Gesichter beobachten. An den ersten wärmeren Tagen im April entdeckt er die Logenplätze der Innenstadt: an der Gedächtniskirche, in der Oranienburger, im Hackeschen

Markt. In Esslingen konnte er niemanden beobachten, ohne selbst gesehen zu werden. In Berlin kann er sich auf eine Bank setzen, auf ein Geländer, in ein Straßencafé und sein Tarnkappen-Spiel spielen. Manchmal wechselt er nur die Beobachtungsposten, schiebt einen Herz-Schmerz-Schinken in englischer Originalversion in der »Kurbel« dazwischen oder den Auftritt einer namenlosen Band in einem der überfüllten Clubs in Prenzlauer Berg. Dann beobachtet er die Gesichter in unmittelbarer Nähe; Schweiss der in Kragen rinnt, besoffene Knutschereien, eine anonyme Hand auf einem fremden Po.

Auch im Dienst feiert Karsten Beobachtungsorgien. Raschke nimmt ihn mit zu ihren ominösen Terminen, ihren Gremien. In immer neuen Runden treffen sich die Psychiatrie-Profis des Bezirks. Einzelne Stimmen blitzen hervor, scharf und fordernd oder einfühlsam-weich. Karsten beobachtet nur die Oberfläche, die Hüllen und Verzierungen. Raschke hat ihm bereits mehrfach das »Who is who« der Gremien heruntergerasselt; Karsten kann oder will sich die Funktionen nicht merken. »Und da links Pohl von der Ambulanten Hilfe, Geschäftsführer, daneben Siebert von der Reha-Abteilung, Psychologe oder Arzt – oder doch Psychologe? Die Schmitt-Jokisch vom Übergangsheim, Mannheim aus der Suchtberatungsstelle, dann die Kurzhaarige, Name hab ich vergessen, ist bei der Lebenshilfe, die beiden daneben, Roth und Hübner, machen die Geronto-Tagesstätte, Ergotherapeutin und Sozialarbeiterin und unzertrennlich, daneben wohl 'ne Praktikantin, besonders wichtig der nächste, mit dem Tweedjackett, Dr. Appenzell, irgendwas an der Uni und bei Synerg e.V., die Koordinatorin kennen Sie schon, Meißner-Wölke, und ganz hinten Kuhn von der Sozialstation und in dem Zopfpulli Müller von Schwertfisch e.V.« Karsten hört weg und hört zu. Er beobachtet. Er lauscht, er kneift die Augen zusammen, späht durch die Augenschlitze, saugt die Gremiendünste prüfend in seine Kiemen.

Was lässt die einen unsagbar öde, die anderen grell und scharf erscheinen? Karsten analysiert die Struktur, das Muster, er sucht die Symbolik hinter dem Schein. Macht der Status den Unterschied? Findet die Länge des Studiums ihren Ausdruck in der Aura, die einer in der Psychosozialen Arbeitsgemeinschaft hinterlässt? Leuchten Psychologen mehr als Altenpflegerinnen und Ärzte heller als Pädagogen?

Mitte April, im zweiten Monat seines Praktikums sticht ihn die Erkenntnis: Es ist die Macht. Jeder Gremienteilnehmer erhält von Karsten intuitiv einen Farbton zugeteilt: langweilig-dunkel die Machtlosen, bunt und hell die Machthungrigen, am hellsten die Bosse und Chefinnen.

So ordnet sich Karsten der volle Mehrzwecksaal der Klinik in eine aufregende Skala: eine psychosoziale Farbpalette der Macht. Manchmal überprüft er sie, stößt Raschke in die Seite: »Der da hinten, der Dicke. Der ist doch vom Sozi, oder?«

»Eingliederungshilfe. Gruppenleiter. Ein seltener Gast. Ziemlich gefürchtet.« Karsten sieht leuchtendes Rot. »Von ihm hängt ab, ob die Träger, also die Leute, die hier rumhocken, ihr Geld kriegen oder nicht.« Das Rot wird heller, strahlt in Orange.

Lange gelingt es Karsten nicht, seine Dienststelle einzuordnen. Er ist zu dicht dran. Raschke erscheint ihm dunkelgrün oder grau, das ganze Amt rotbraun wie das abgetretene Linoleum. Doch nach einigen Redebeiträgen, nach dem Tuscheln und Wispern der anderen schwant ihm, dass er sich vergriffen hat. Anfang Mai, irgendwas ist heute besonders wichtig, kommt sogar die Wölffin mit, und Rotfeld, die Psychologin, die so lange krank war. Heftig wird gerungen, wer den Zuschlag für die neue Tagesstätte bekommt; um Karsten herum wird es plötzlich ganz hell und schwefelgelb. Der Sozialpsychiatrische Dienst ein Machtzentrum, dieser altmodische Laden mit seinen klapprigen Rollschränken? Karsten wundert sich und grinst. Ein ockerfarbener Fleck fällt auch auf ihn, den Praktikanten, wenn die Wölffin donnert und blitzt. Spannung entsteht, die Kontraste werden härter, die Runde verkracht sich. Um ihn herum halten sich (dunkelblaue?) Sozialarbeiterinnen verschreckt die Hand vor den Mund, (bleigraue) Ärzte schieben ihr Revers zurecht, Geschäftsführer (pink, fliederfarben, zinnoberrot) raufen sich die Haare. Karsten nimmt sich vor, die Spieler und ihre Rollen kennen zu lernen.

Mike kann ihm nicht weiterhelfen. »Dieser ganze Verwaltungsmist, nein danke. Da blickt doch kein Schwein durch. Bin froh, wenn ick nüscht von hören muss, da krie'ste ja 'ne Matschbirne von. Schwertfisch e.V., Rumpelstilz, Trockendock, ick glob, ick spinne.«

Karsten entdeckt den Pausenraum. Wenn er sich beeilt und nicht zu lange mit Mike am Dönerstand rumhängt, kann er da noch einen Kaffee trinken und die Ohren spitzen. Manchmal platzt er mittenrein und das Thema wird abrupt gewechselt. Er ist noch zu neu, er fällt auf. Karsten setzt sich trotzdem immer häufiger hierher oder hängt in der Kanzlei rum. Er macht sich unsichtbar, verschwindet in den speckigen Polstern. Geheimnisse umraunen ihn, Skandale werden unter dem Siegel absolutester Verschwiegenheit breitgetreten. Es geht um Geld, es geht um Macht, es geht um Posten und Klinikbetten, um eine Verschwörung und um Verrat. Raschke hat einen Verdacht, die Wölffin horcht Berger-Odenthal aus (»Was redet man denn in der Klinik so ...«) und Berger-Odenthal tuschelt mit Rotfeld, der verschwiegenen Psychologin, und dann stehen Raschke und Klüppel in der Kanzlei und Michalke kommt dazu und Bärbel Thomalla weiß noch mehr und am Ende verschwinden alle in Klüppels Zimmer und Karsten bleibt grübelnd zurück.

In der nächsten Teamsitzung wartet Karsten, dass das Geheimnis gelüftet wird. Aber es bleibt bei nebulösen Andeutungen. Ein Hauch von Dallas hängt über der Besprechung, obwohl es wieder nur um die ewig kranken Schreibkräfte, den

Knatsch mit dem Sozialamt und um die geplante Umstellung auf EDV geht. Im Keller sollen – erzählt Klüppel – jede Menge Kartons mit PCs herumstehen; die Büroleitung habe letztes Jahr bei einem Auslaufmodell zugegriffen. Jetzt fehlt die Installation, die Vernetzung, die vorgeschriebene Raumbeleuchtung, das ergonomische Mobiliar. Für das ganze Drumherum gibt es keine Kohle und der Personalrat hat deshalb auf alle Fälle schon mal sein Veto eingelegt. Trotzdem müssen alle ab Juni zur Augenuntersuchung und zum Computerkurs – Raschke kriegt sich nicht mehr ein: »Wenn alles durch ist, sind die Kästen im Keller hoffnungslos veraltet und der ganze Quark geht von vorne los!«

Ende April – was, schon fast zwei Monate rum? – ist Raschke krank. Karsten breitet sich aus. Er setzt sich an ihren großen Schreibtisch und hebt mit entnervtem Blick den Hörer ab, wenn es klingelt. Er diktiert ausgiebig, er stöbert in allen Akten rum und in Raschkes Terminkalender. Nur die rätselhaften Anfragen der Sozialhilfestellen und Amtsgerichte lässt er ratlos liegen, bis Klüppel sie abholt. »Lass mal. Das mach ich schon.« Karsten ist stolz, dass er schon zehn Wochen überstanden hat. Nicht wie ein Kind, das die Tage bis Weihnachten nicht abwarten kann, sondern wie in den Schulferien, am Anfang, wenn das pralle Leben unendlich vor einem zu liegen schien. Er ertappt sich beim Aufsagen der Praktikums-Monate – Mai, Juni, Juli, August –, die er noch vor sich hat.

Mit der vom Frühling aufgedrehten Wölffin – ihr Rücksitz ist mit Torf und Hornspänen vollgekrümelt – fährt er zum Heckerdamm. Sie hat nur eine dünne Strickjacke über ihr grünes Hemdchen gezogen; Karsten kommt sich in seiner Daunenjacke reichlich verfroren vor. Die Wolff inspiziert jeden einzelnen austreibenden Strauch am Plattenweg, und als Karsten Forsythien, Magnolien und falschen und echten Jasmin erkennt, strahlt sie. »Eins rauf mit Mappe«, murmelt sie anerkennend. Karsten erzählt von seiner Oma und ihrem Garten und findet die Siedlung nicht mehr so schlimm wie beim letzten Mal; an den Teppichstangen baumeln verrotzte Kinder, auf den Bänken lästern Kaugummi kauende Mädchen übereinander, mit Plateausohlen, so dick wie Briketts. Der alte Grünthal, der Sittenstrolch, erkennt Karsten natürlich nicht, freut sich aber riesig über den unerwarteten Besuch.

Eine neue Anzeige ist gekommen, sie liegt säuberlich abgeheftet im Ordner auf dem Tisch, Frau Dr. Wolff liest sie mit hochgezogenen Brauen. Sie konfrontiert den alten Mann mit den Tatsachen, brüllt dem Schwerhörigen komplizierte Sätze ins Ohr: »Sie sollen sich vor Kindern entblößt haben, entblößt, verstehen Sie, was ich meine?«

Grünthal schüttelt den Kopf. »Gedöst? Nein, ich habe nicht geschlafen.«

Wolff wird ungeduldig, demonstriert dem alten Herrn den Sachverhalt an seiner Hose, der kichert und schlägt ihr auf die Hand. Sie gibt auf. »Vertretung vor Behörden und Gerichten«, meint sie, »eine Betreuung wäre schon sinnvoll, aber sonst fällt mir nicht viel ein.« Sie kaut ratlos auf ihren Lippen, fädelt das Schreiben der Polizei aus dem Ordner und steckt es ein. Sie stellt noch ein paar Fragen, Karsten weiß, sie prüft die zeitliche und örtliche Orientierung. Dann gehen sie, bis die Wolff plötzlich stehen bleibt. »Hören Sie mal, Schäfer!« Karsten sind die schreienden Kinder gar nicht aufgefallen, jetzt erst versteht er den Text: »Hol den Pimmel aus dem Stall, Grünthal hat 'nen Superknall!« Karsten schämt sich, die Wolff bleibt stehen. »Das wär ja mal interessant, ob die Gören den Alten so lange provozieren, bis der seinen Schlitz aufmacht. Wundern tät's mich nicht.«

Im Amt wartet schon Wilke ganz aufgeregt. »Karsten, du musst gleich mit Klüppel wieder weg. Eine irre Suizidmeldung aus Raschkes Bezirk, sag ich dir. Ein junger Staatsanwalt aus Zehlendorf, hat 'ne Geliebte, die läuft seit Tagen mit 'ner Giftkapsel rum, lässt überall Abschiedsbriefe liegen, schimpft dem

Staatsanwalt den Anrufbeantworter voll und, das Dollste: Hat die Katze abgemurkst, die er ihr geschenkt hat, und sie ihm per Post geschickt.«

Klüppel linst um die Ecke und hebt kurz die Hand. »Hey, Karsten, kommst du mit?«

»Na logo!« Karsten freut sich. Endlich ein Einsatz mit Klüppel!

Gemeinsam gehen sie zur Wölffin. Sie zieht gerade ihre Jakke aus, weil es ihr wieder viel zu warm ist, hört kurz zu, grinst Karsten dann an und schickt ihn los, einen Kaffee aufzusetzen. »Verbreiten Sie bloß keine Hektik. Immer erst mal abwarten, Sie kennen doch meine Devise. Wie lange rennt diese gestörte Person schon rum und agiert? Da wollen wir doch nicht gleich mitmischen. Gemach, gemach. Keine Unterbringung mit leerem Magen!«

Wenig später sitzen sie mit ihren Kaffeebechern im Büro der Wölffin, die zaubert sogar eine Keksdose aus ihrem Schreibtisch. »Nun mal ganz in Ruhe und der Reihe nach.«

Klüppel repetiert, weiß die Hälfte nicht, wird zum Telefonieren noch mal weggeschickt. »Wo ist die Frau jetzt? War sie schon mal in der Psychiatrie, sind ähnliche Vorfälle aus der Vergangenheit bekannt, gibt es einen behandelnden Arzt, was soll das für ein Gift sein, gibt es Familie, Beruf, Vorgeschichte, wann hat sie was genau gesagt?«

Als Klüppel wiederkommt und immer noch nicht alle Fragen beantworten kann, greift die Wolff selbst zum Hörer. Plötzlich kommt Carola Wilke, die Sekretärin, mit ein paar Blatt Papier: »Wir haben doch was. Suizidversuch vor ein paar Jahren, ist ein Polizeibericht bei.«

»Ich wusste es doch«, seufzt die Wolff und legt den Hörer auf die Gabel, »in einem guten Amt geht nichts verloren.« Sie lesen und debattieren. Vor Jahren hat die junge Frau Schlaftabletten genommen und dann eine Kollegin angerufen. »Szepanske, Anne-Katrin, 67 geboren, Medizinerin auch noch, na prima, hier steht es ja.«

Wolff telefoniert, Karsten überprüft seinen Rucksack, Klüppel seine Tasche. Wie Rennpferde vor dem Start laufen sie auf dem Flur herum, versuchen die Wölffin anzutreiben, die sich nicht aus der Ruhe bringen lässt. Sie ruft Karsten noch einmal ins Zimmer, um ihm – er hat es sich schon gedacht – noch eines ihrer ehernen Gebote zu verkünden. »Abklären ist die halbe Miete«, erklärt sie ihm, »Klüppel müsste das wissen. Wenn irgendwas hier wichtig ist: fragen, fragen, fragen. Ich hasse es, wenn nicht gründlich recherchiert wird. Wie, wo, wann, warum, wer gegen wen, wie lange und so weiter. Fragen Sie, bis Ihnen nichts mehr einfällt, dann fangen Sie vorne wieder an!«

Minuten oder Stunden später, Karsten weiß es nicht, treffen sie vor einem alten Mehrfamilienhaus in der Schloßstraße ein. Herr Dr. Röder, der jungenhafte Staatsanwalt, erwartet sie bereits. Er ist käseweiß, hat wie viele Nächte nicht geschlafen, er weiß es nicht. Sein Mund zittert in dünnen Wellen, Wut und Schmerz in einer explosiven Mischung.

Sie klingeln beim Namensschild Szepanske, die Wolff drückt mehrfach und lange. Als sich nichts rührt, schiebt Dr. Röder mit schlotternden Händen den Schlüssel ins Schloss, sie gehen in die erste Etage, stehen vor der Wohnungstür. Röder zögert, wirkt unschlüssig, Frau Dr. Wolff blickt ihn aufmunternd an: »Nun machen Sie schon, dann haben Sie es hinter sich.«

Sie betreten weichen Teppichboden, marschieren hintereinander in ein helles, geschmackvolles Wohnzimmer, beige und rosa, Pflanzen und Gemälde, Kerzen und exklusives Geschirr. Im Tross wandern sie wieder auf den Flur, Röder öffnet die Tür zum Schlafzimmer. »Was willst du hier. Mach, dass du rauskommst, du Schwein, zurück zu Frauchen!« Karsten hört nur die grelle Stimme, er drängelt sich vor, wirft einen Blick in aufdringlich glänzende Bettwäsche, hineingegossen eine träge Schönheit im Unterhemd, Zigarette im Mundwinkel, Weißweinflasche neben dem Bett.

Die Wölffin räuspert sich: »Darf ich mal kurz unterbrechen? Frau Szepanske, mein Name ist Wolff, ich bin Ärztin im Gesundheitsamt. Ich möchte mit Ihnen reden. Können wir uns irgendwo setzen? Vielleicht ziehen Sie sich was über!«

Es klingelt anhaltend. Röder öffnet die Wohnungstür, zwei aufgeregte junge Frauen treten herein. »Sarah, ein Glück, dass ihr kommt. Clemens, das Schwein, ist einfach hier eingedrungen und hat sich noch 'ne ganze Mannschaft mitgebracht. Helft mir mal!« Die beiden Frauen blicken verschämt zur Seite, schließlich geht die eine zum Bett, die andere bleibt auf dem Flur. »Sarah, ich bitte dich. Du weißt doch, was hier los ist. Anne-Katrin muss in Behandlung, sonst könnt ihr mich einliefern!« Der fahle Staatsanwalt Röder redet auf Sarah ein, Frau Dr. Wolff beobachtet die beiden Grüppchen, bittet dann die Mannschaft auf dem Flur zum Gespräch ins Wohnzimmer. Das Telefon klingelt, aus dem Schlafzimmer dringt das hochtourige Gegirre von Anne-Katrin Szepanske herüber.

Frau Dr. Wolff wird unwillig. »Herr Röder, so geht das nicht. Wir müssen mal zu Potte kommen. Natürlich ist das die Wohnung von Frau Szepanske und sie hat hier das Sagen. Vielleicht bleiben die Herrschaften einfach bei ihr und passen auf. Ich konnte auf die Schnelle keine akute Suizidalität feststellen. Sie lässt doch hier einfach nur die Puppen tanzen, und das gelingt ihr ganz hervorragend. Ich werfe jetzt noch einmal einen Blick rein und gehe dann.«

Herr Röder rauft sich die Haare, dringt auf die Wölffin ein: »Das können Sie doch nicht machen, ich bitte Sie. Sie haben doch noch gar nicht mir ihr gesprochen! Muss denn erst etwas passieren!«

»Ich habe genug gesehen«, meint die Wolff, »solange Sie das Spiel mitspielen ...« Die Wölffin marschiert noch einmal in das Schlafzimmer, der Tross bestehend aus Klüppel, Karsten und Röder hinterher. Sie pflanzt sich vor dem Bett auf und verkündet: »Frau Szepanske, wenn Sie mir etwas zu sagen haben, ist jetzt die beste Gelegenheit. Ich habe gehört, dass

Sie eine Zyankalikapsel haben sollen und damit drohen, sich umzubringen. Bitte nehmen Sie zur Kenntnis, dass es meine Aufgabe ist, Sie einzuweisen, falls Sie diesen Vorsatz in die Tat umsetzen wollen. Ich halte Sie im Moment für psychisch gestört und behandlungsbedürftig. Ihre Geschichte mit Herrn Röder ist natürlich Ihre Privatangelegenheit, da werde ich mich nicht einmischen. Sie sind ja eine intelligente Frau und wissen, was los ist.« Und zu Röder gerichtet: »Ich überlasse es Ihnen, ob in den nächsten Stunden jemand bei Frau Szepanske bleibt, vielleicht sogar über Nacht. Unsere Nummer haben Sie ja!«

Mit trotziger Miene verlässt die Wölffin mit ihren Assistenten die Wohnung. Als Karsten sich noch einmal umdreht, ertappt er die Szepanske dabei, wie sie die Zunge herausstreckt. Röder und die beiden Freundinnen wirken sauer, perplex und erleichtert zugleich.

Wieder einmal staunt Karsten über die amtlichen Hausbesuche: überfallartige Kommandos, kurz und direkt, unhöflich und völlig anders, als er sich psychiatrischen Beistand jemals vorgestellt hat. Ihm fallen die vielen verständnisvollen Therapeuten und Analytiker ein, die er in quälend langen Einstellungen im Kino bewundert hat, in den alten Filmen von Ingmar Bergmann, bei Hitchcock, bei den Franzosen. Robin Williams in *Good Will Hunting*! Die Sturzbesuche von Raschke und Wolff hinterlassen einen Geschmack nach Blaulicht, gezogenen Revolvern, Handschellen und einem gebellten »Wo waren Sie gestern zwischen zehn und zwölf?«. Sogar Klaus Löwitsch war geduldiger, einfühlsamer. Karsten schüttelt sich noch einmal verblüfft, bevor er in Wolffs Passat steigt. »Verrückte Mischpoke«, murmelt die Wölffin vor sich hin, dann wechseln sie das Thema.

Karsten grübelt weiter. Hätte man nicht die Giftkapsel suchen und Frau Szepanske abnehmen müssen? Im Amt grübelt er immer noch. Als Friedhelm der Grapscher ins Zimmer kommt, vergisst er, ihn sofort wegzuschicken. Im Nu streicht Friedhelm ihm – gegen den Strich – über die länger gewordenen Haare, presst seine stoppelige Backe an Karstens Wange. Karsten lacht erst, schimpft dann, reißt sich schließlich los. Drohend bleibt Friedhelm vor ihm stehen, stammelt unverständliche Laute, Karsten versteht ihn nicht. Karsten brüllt und Friedhelm verlässt verwundert den Raum. »Wie in *Mice and Men*«, schießt es Karsten durch den Kopf. Schon das Buch von John Steinbeck hatte Karsten erschreckt, als er es als Vierzehnjähriger im Regal seines großen Bruders aufstöberte. Auch den Film hatte er schon vor Jahren gesehen: der ungeschlachte John Malkovich, wie er den Kaninchen und Frauen vor lauter Zärtlichkeit die Hälse bricht.

Karsten fühlt sich unwohl in seinem Zimmer, allein, ohne Raschke. Er setzt sich in den Pausenraum, holt sich einen Kaffee aus der Warmhaltekanne. In einer Ecke sitzt Yvonne Berger-Odenthal und redet auf Bärbel Thomalla ein. Yvonne Berger-Odenthal ist nach ihrem halben Tag in der Klinik soeben erst eingetroffen, mit neuem Tratsch und Gerüchten. Bärbel Thomalla quetscht sie ein bisschen aus. Thomalla hat Karsten bisher kaum erlebt. Sie hält sich immer etwas raus, redet abgehobener, differenzierter, nicht den derben Amtsslang, an den Karsten sich mittlerweile gewöhnt hat. Sie soll eine Zusatzausbildung haben, irgendwas Psychotherapeutisches, die anderen reden eigenartig abfällig-bewundernd über sie.

Thomalla und Berger-Odenthal senken zunächst ihre Stimmen, Karsten blättert in einer Zeitschrift, bald vergessen sie ihn. Appenzell, um ihn geht es, hat reihenweise Kollegen in Therapieausbildung. Yvonne Berger-Odenthal redet sich in Rage. »Das Problem ist ja nicht sein Job an der Uni, Forschung oder irgend so was. Aber der ist ja Vorstandsvorsitzender bei Synerg e.V. Man muss sich das mal vorstellen. Eingestellt wird nur, wer eine systemische Ausbildung macht. Und zu wem gehen die Kollegen dann in Supervision? Und wer macht die Balintgruppen? Dreimal darfst du raten. Natürlich Appenzell. So hat er sie alle an der Strippe. Wer traut sich denn, gegen ihn was zu sagen? Keiner macht den Mund auf, wie denn auch! Würdest du es wagen, gegen deinen Ausbildungstherapeuten Front zu machen? Dazu bist du doch gar nicht in der Lage, das liegt in der Natur der Sache. Du kannst doch nicht gleichzeitig einen Halbgott anbeten und den Betriebsrat gegen ihn mobilisieren. Ich sage dir, das ganze System ist korrupt, Missbrauch von Abhängigen nenne ich das. Dabei ist der nicht mal Arzt. Weißt du, was der ursprünglich ist? Biologe, Fachgebiet Pilzkunde, den Psychologen hat er draufgesattelt. Und weißt du, wie sein neuester therapeutischer Blödsinn heißt? Mykologisch-systemische Therapie. Weil pathologische Systeme seiner Ansicht nach so ähnlich funktionieren wie das unsichtbare Mycel, mit dem Pilze zusammenhängen. Du weißt ja, Symbiose und Parasiten und der ganze Kram. Wenn ich bloß wüsste, was ich tun soll. Jetzt habe ich Unsummen in diese Ausbildung gesteckt, da muss ich wohl in den sauren Apfel beißen! Willst du mal hören, wer alles zu Appenzell pilgert?«

Karsten spitzt die Ohren. Viele der Namen, die Berger-Odenthal jetzt – begleitet von dem periodischen Aufstöhnen der Thomalla – herunterbetet, kennt er aus seinen Gremien; nicht gerade weiße Namen, aber hell und bunt immerhin, silbergrau, metallic-blau, türkis. Karsten gibt Appenzells Namen noch einen weiteren silbrigen Glanz; ein Machtträger, ein Geheimnisträger, ein Psychopapst.

Anfang Mai fährt Karsten über ein Wochenende nach Hause, zu Mutters Geburtstag. Er freut sich, als wäre er Jahre im Exil gewesen. Esslingen scheint ihm geschrumpft zu sein – oder ist er selbst gewachsen? Wie hübsch diese Stadt ist, wie sauber und adrett. Alle Fensterrahmen strahlen, das restaurierte Fachwerk blitzt aus dem Gemäuer. Die Sparkasse ist endlich fertig geworden: Giebelchen und Erker, ein postmodernes Hexenhäuschen. Hier ist Karsten zu Hause. Hier kann er in seinen Dialekt zurückfallen wie in ein bequemes Sofa, die wilden Großstadtgeschichten (Blaulicht, Zyankalikapsel, Kinderschänder ...) quellen unkontrolliert beim Frühstück im Wohnzimmer aus ihm heraus. Auch bei der Clique im Café »Am Markt« haut er mächtig auf die Pauke. Dummerweise kann er Nico nicht imponieren, sie besucht ein Seminar für zukünftige Tierärzte in der Lüneburger Heide, Schafe oder Ziegen oder Bienen? Schade, aber wer weiß, wozu's gut ist. Karsten markiert den unerschrockenen Großstadt-Hai, alle anderen sind provinzielle Spießer.

Hadschi und Gesine (mit ihrem unanständig dicken Bauch) verstummen, mustern ihn skeptisch von der Seite. Karsten spürt, dass etwas nicht stimmt, und hört auf zu reden. Gesine druckst herum und rückt dann doch damit heraus: »Weißt du eigentlich, dass dieser Ronnie sich umgebracht hat? Du weißt, wen ich meine? Der durchgeknallte Typ, mit dem du eine Zeit lang dauernd rumgehangen hast. Wir sind alle ziemlich von den Socken. Da fällt dir wohl auch nichts mehr ein.« Karsten erschrickt, fängt sich wieder und fragt nach Einzelheiten. Sie sitzen dann noch lange, zerbrechen sich die Köpfe, erinnern sich an die ersten Signale, den schrecklichen Besuch in der Psychiatrie in Nürtingen. Scheiße! Sie schimpfen gemeinsam und denken an die alten Zeiten. Die Wochenenden am Stausee, auf Hadschis Kirschbaumplantage. Sind die Alten nicht zum Kotzen? Jeder interessiert sich nur noch für seine Gehaltsabrechnung, die Fußballergebnisse. Sie werden alles ganz anders machen. For ever young! Sie werden sich um einander kümmern, sich aus jeder Patsche helfen. Schon ziemlich breit wanken sie Arm in Arm zur Talaue und rauchen was. Sie werden Karsten in Berlin besuchen, sie werden telefonieren, beschlossene Sache, abgemacht.

Am nächsten Morgen ist Karsten so verkatert, dass er bei den Vorbereitungen zur großen Geburtstagsfeier nur dämlich herumsteht. Er setzt sich in die Küche, beobachtet seine Mutter, erzählt seine wilden Geschichten und kommt allmählich wieder in Fahrt. Seine Mutter mokiert sich über seine ungehobelte Ausdrucksweise (»Also Karschten, des ghört sich doch net«) und ihr Sorgenpegel steigt nach Kaffeerunde und gemeinsamem Abendessen in den gefährlichen Bereich. Dass er in dieses Berlin geht, hat ihr noch nie gepasst, Claudia ist ihr sowieso ein Graus und jetzt diese Leute, die nicht richtig im Kopf sind!

Auf der Rückfahrt im Intercity streckt Karsten lässig die Beine aus. Ein geiles Gefühl, abzuhauen, wenn man zurückkommen kann.

Wochenbeginn mit Morgenrunde. Es ist noch einmal kalt geworden, schade. Raschke ist noch für mindestens eine Woche krankgeschrieben, vielleicht länger, man weiß es noch nicht. Szepanske mit der Zyankalikapsel ist am Wochenende von Freunden in die Uniklinik gebracht worden. Na also! Dafür ist eine andere Frau, die Yvonne Berger-Odenthal nicht eingewiesen hat, aus dem Fenster gesprungen. Betretenes Schweigen bei den Kollegen, Yvonne weiß es noch gar nicht. Als eine tragische Stimmung aufkommen will, fährt die Wolff dazwischen: »Wer damit nicht leben kann, der kann hier nicht arbeiten. Sofort unterbringen kann jeder, dazu braucht es kein Rückgrat. Ich gehe davon aus, dass Berger gründlich recherchiert und nach bestem Gewissen entschieden hat.«

Das Team strömt auseinander, Klüppel fragt noch schnell, ob Karsten zurechtkomme, der nickt heftig. »Den Rest der Woche bin ich zur Fortbildung. Da musst du dich ganz alleine durchbeißen. Halte dich an die Wölffin oder an Bärbel Thomalla.«

Karsten kriegt diesen Tag mit Aktenlesen und Diktieren rum und einer langen Pause mit Mike im Hamburger-Laden. Die Panik vor dem Rest der Woche bekämpft er mit zwei Folgen *Fitz*, die hat er als Notversorgung auf Video. Karsten bewundert den Londoner Polizeipsychologen; er ist faul und noch viel wabbeliger als Karsten, aber raffiniert und lebenslustig. Eine gescheiterte Existenz zu werden wie Fitz, aber trotzdem zu funkeln – vielleicht könnte man das noch hinkriegen in diesem Leben.

Karsten zieht zum ersten Mal eine Sprechstunde ganz alleine durch. Die Stammkunden kennt er schon, die neuen behandelt er nach bewährtem Rezept: einfühlsam zuhören, alles ablehnen, Verblüffung ausnutzen und sich dann scheinbar gütlich einigen.

Die Mutter von Boris Salowski ist gekommen. Sie ist enttäuscht, dass Klüppel nicht da ist. Boris sei ja noch immer in der Klinik, wenigstens inzwischen freiwillig, seit der Unterbringungsbeschluss Anfang Mai ausgelaufen sei. Ob es nicht eine Möglichkeit gebe – eine Therapie, eine Einrichtung, ein Medikament? Man könne doch die Hoffnung nicht aufgeben. Ein so viel versprechender Junge. Am Computer ein As, brillant auf dem Gymnasium und so liebenswert als Kind. Ihr ganzes Leben zerstört, die Ehe geschieden, der andere Sohn weit fort im Ruhrgebiet, nur Boris sei ihr geblieben und der meide sie, komme höchstens, um Geld zu schnorren für seine Drogen.

Karsten lässt Frau Salowski erzählen. Diesmal ist es keine Taktik, sondern Neugier, unbändige Neugier. Er fragt nach, er hakt ein und Frau Salowski scheint sich über sein Interesse zu freuen. Karsten würde Boris ja gerne selber fragen, aber die großen Stiefel hindern ihn daran. Er fragt nach Freundinnen, nach Beziehungen und die Mutter strömt los: »Immer wieder war da was, er ist ja ein attraktiver Junge, aber er hat die Mädchen immer schnell sitzen lassen, sie waren ihm am Ende doch gleichgültig und lästig. Seit er die eigene Wohnung hat, weiß ich nicht mehr so genau Bescheid, er entgleitet mir, aber er soll ja jetzt auch manchmal mit Männern ... gegen Geld ... hoffentlich kriegt er kein Aids.«

Karsten spürt eine große Sorge in sich hochsteigen, und Kummer, und er ärgert sich maßlos, dass er die Tragödie nicht aufhalten kann. Frau Salowski tut ihm leid. Er mustert sie jetzt genauer: die sorgfältig gelegten Locken, goldbraun getönt, die geschmackvolle Kleidung, man geht ja aufs Amt, da will man ordentlich aussehen, und er mit seinem Kapuzen-Shirt und Jeans ... eine verkehrte Welt. Diese Frau hat zwei Jungen alleine aufgezogen, nachdem der Mann abgehauen ist, und jetzt sitzt sie hier und bittet Karsten Schäfer, noch feucht hinter den Ohren (»Wie alt sind Sie, junger Mann, wenn ich fragen darf?«), ihr doch um Himmels willen zu helfen im Kampf um ihren gestrandeten Sohn.

Erst nach eineinhalb Stunden verlässt Mutter Salowski das Amt, immer wieder drückt sie Karstens Hand und entschuldigt sich für ihr Geheule und ihre Verzweiflung und bedauert ihn für diesen schwierigen Beruf, den er sich ausgesucht hat. Karsten fühlt sich auf einen Schlag leer und übervoll. Er hat doch nur geschwiegen, was hat ihm seine ganze Kraft herausgesaugt? Und was hat Frau Salowski im Gegenzug in ihn hineingestopft, dass er jetzt das Gefühl hat, der Schädel müsse ihm platzen?

Karsten möchte wegrennen, aber das Wartezimmer ist voll. Er holt sie sich nacheinander wieder einmal herein: Herrn Kleiner (»Die janze Knete verloren, ick schwöre«) und Frau Stoppek (»Sie müssen nachts kommen, dann glauben Sie mir, dass in meine Wohnung gestrahlt wird!«) und übersteht auch noch ein Vertretungsgespräch für Klüppel: Mutter dement, Tochter berufstätig.

Mike steckt zwischendurch den Kopf zur Tür rein, aber Karsten schüttelt nur den Kopf. Kein Gang zum Imbiss heute, erst gegen zwei beendet er das letzte Gespräch und rettet sich mit seinem rappelvollen Kopf in den Pausenraum. Kuchen steht auf dem Tisch, wohl eine Geburtstagslage, Karsten stopft sich voll, sieht sich den Posteingang an, krakelt seine Vermerke und verlässt das Haus. Er ist erwachsen. Er ist frei und er ist selbstständig. Er braucht nicht Mike oder Klüppel oder die allmächtige Wölffin. Er wurstelt sich durch. Er wird es schaffen.

Vor dem Haus knallt er auf den exotischen Herrn Marenko, der stocksteif mit Rasta-Mütze, Wasserflasche und Sonnenbrille im Regen an der Ampel steht. Karsten grüßt ihn freundlich, stolz, dass er diesen unnahbaren Stadtstreicher kennt, stolz auf die eigene Toleranz, auf sein weites Herz, seine Liebe zu jeder Kreatur. Karsten geht weiter zur U-Bahn, seine Schritte federn, sein Rucksack schlenkert, aber er kommt nicht so recht vom Fleck. Was stimmt nicht? Er dreht sich um und sieht den drolligen Afrikaner mit seiner Kasperle-Mütze lautlos hinter sich her rennen, Karsten macht ein paar Schritte, Marenko wieselt hinterher. »Kann ich was für Sie tun?«, fragt er höflich. Marenko lässt ein französisch-englisch-kisuahelisches Mischmasch los und schnell begreift Karsten, dass er seinen Obolus abdrücken soll. Er zieht seinen Geldbeutel, kramt nach einem Markstück und wartet, bis Marenko sein Tüten- und Dosen-Ritual beendet hat. Als Marenko das Markstück in der Dose liegen sieht, wird er böse und feurig. Es ist zu wenig. Er macht keinen Spaß. Überleben kostet Geld, das wird der junge Mann doch wissen. Karsten hat keine größere Münze und legt schließlich einen kostbaren Zehnmarkschein in die Dose. Er ärgert sich, aber er zeigt es nicht. Er lächelt Marenko an und der lächelt mit seinen schönen weißen Zähnen zurück und verneigt sich immer wieder, schubst die Dose zurück in die Tüte und trippelt weg, weit weg von Karsten.

Den Rest der Woche übersteht Karsten nahezu souverän. Bei jeder Morgenrunde erkundigen sich die Kolleginnen und loben ihn, als führe er allein eine Schlacht gegen ein feindliches Heer. Alle bieten ihm Rat und Beistand an, großzügig, jovial. Als er dann tatsächlich am Mittwoch bei einer Meldung um Hilfe bittet, hat zufällig keiner Zeit. Aber ein anderes Mal gern! Also sagt er noch einmal den Katechismus auf, die ehernen Gebote, bevor er bei der Wölffin auf der Matte steht: Immer erst abwarten, gemach, gemach, wer weiß, wozu's gut ist, Fehler machst du sowieso, Abklären ist die halbe Miete, in einem richtigen Amt geht nichts verloren.

Er hat alle Fragen gestellt, die ihm eingefallen sind, und noch ein paar mehr, und jetzt muss er mit der Ärztin auf ein Polizeirevier, zur zentralen Gefangenensammelstelle nach Ruhleben, genannt GeSa, fahren. Er spult ab: unbekannter Mann, ca. 70-80 Jahre alt, aufgegriffen am Jakob-Kaiser-Platz, macht keine Angaben zur Person, keine Papiere bei sich, kein sinnvolles Gespräch möglich, Amtsarzt wird zwecks Einweisung benötigt. Die Wölffin fragt ihn, ob er wirklich mit will, das könne sie notfalls auch alleine. Karsten ist empört, er will! Sie lassen sich durch die Türen der GeSa schließen, durch einen Hochsicherheitstrakt aus Stahl und Elektronik. Karsten erkennt Herrn Grünthal hinter den Stäben der Zellentür sofort, obwohl er über seiner Schlafanzughose nur ein Unterhemd trägt und ziemlich verschmuddelt wirkt. Er spricht Herrn Grünthal an, der reagiert auf Anhieb. Die Wölffin ist begeistert: »Ein Glück, dass Sie mitgekommen sind, den hätte ich nicht erkannt.« Da weiter nichts passiert ist, beschließen sie, Herrn Grünthal von einem Krankentransport direkt in seine Wohnung zum Heckerdamm bringen zu lassen. »Organisieren Sie mal Hauspflege, täglich, vielleicht geht es dann noch ein paar Monate zu Hause.« Zurück im Amt erzählt die Wölffin jedem, der es nicht hören will, dass Karsten soeben eine Einweisung verhindert hat und sich ab jetzt um den alten Herrn kümmert.

Weil Karsten alleine ist, traut er sich, überall anzurufen und dumme Fragen zu stellen. Und am Freitag ist er stolz darauf, dass zu Herrn Grünthal von nun an täglich jemand von der Diakonie geht. Dazu musste er mit der Kollegin von der Sozialstation die Pflegemodule absprechen und einen Modulbogen ausfüllen, einen Sozialhilfeantrag auf Hilfe zur Pflege mit Herrn Grünthal aufnehmen und mit Hilfe der Angehörigen die notwendigen Unterlagen beibringen. Und für einen Antrag auf Leistungen der Pflegeversicherung sorgen. Karsten hat ungefähr zwanzig Telefonate geführt, zwei Hausbesuche gemacht, fünf Kollegen und Sachbearbeiter im Sozialamt befragt und ungefähr dreiundsiebzigmal gesagt: »Ich habe mein Praktikum gerade erst begonnen, meine Anleiterin ist krank, ihr Vertreter zur Fortbildung, bitte entschuldigen Sie – ich habe keine Ahnung!« Je stärker Karsten dabei geschwäbelt hat – das muss er sich merken –, desto verständnisvoller war die Reaktion. Karsten beschließt ganz eigenständig ein sechstes Gebot zu erlassen: So doof kann eine Frage gar nicht sein ...

Raschke ruft am Freitag an und meldet sich gesund. Ob er nicht freinehmen wolle am Montag, nach all dem Stress, er habe doch sicher reichlich Überstunden gemacht? Großzügig lehnt Karsten ab, nein, nein, vielleicht wenn er mal wieder nach Esslingen fahren wolle. Im Pausenraum ist das Freitagsritual in vollem Gange. Rote Grütze und Sprühsahne stehen auf dem Tisch, der Countdown läuft. Klüppel erzählt, dass er mit seinem Freund in die Märkische Schweiz fährt, Freunde besuchen. Berger-Odenthal freut sich auf eine total spannende Fortbildung und die dicke Thomalla will mit ihrem Mann endlich die Laube klarmachen, wird ja Zeit. Mit der Wölffin diskutiert sie den richtigen Dünger für ihre Rhododendren und dann landen die beiden wie jeden Freitag bei der effektiven Vernichtung von Wühlmäusen, Schnekken und anderen Ungeheuern.

Karsten bleibt allein zurück. Er räumt den Schreibtisch auf, liest alle seine Vermerke noch einmal durch und feiert sein eigenes kleines Erntedankfest nach einer harten Woche. Er stapelt im Schrank säuberlich alle Akten, die von Frau Raschke gesichtet und abgezeichnet werden müssen. Er gießt das Grünzeug. Er wünscht allen (den Kolleginnen, der Sekretärin, der Putzfrau, dem Pförtner) ein schönes Wochenende, hebt dabei lässig die Hand und schiebt ein kräftiges »Tschüüüüs« nach. So machen es, das weiß er, die Beamten.

Beschwingt wandert Karsten durch die City, aufgekratzt,

nur langsam erlahmend. Er dreht hochtourig im Leerlauf, seine Stimmung schlägt um. Fieberhaft überlegt er, was er jetzt tun könnte um sich zu belohnen, um dieses grandiose Gefühl aufrechtzuerhalten. Er biegt am Kranzler-Eck ab, zur Joachimsthaler. Er macht sich ein Programm: ein bisschen im Netz rumsurfen im »Web Site«, dann eine Pizza, dann ins »Sommerloch« zum Abtanzen, nein zum Zugucken, oder gleich im KaDeWe was essen, dann ins Kino ... Lähmung breitet sich aus. Karsten versucht die letzte Woge seiner Euphoriewelle zu erwischen, auf ihr weiterzugleiten. Wittenbergplatz, rauf im KaDeWe zur Fressetage, wieder runter.

Er hastet durch einige Seitenstraßen, Ansbacher, Welser, Maaßen, landet im prallvollen Café Berio. Türkische Beauties, alternde Architekten und grelle Jungs rühren in Espressotassen. Die wilden, gerahmten Pinselstriche an den Wänden fügen sich Karsten erst nach und nach zu nackten Männerkörpern. Neu Ankommende suchen, winken und lachen und feiern den frühen Freitag-Feierabend und die Aussicht auf ein heißes Wochenende. Es gelingt Karsten, sich anstecken zu lassen. Er lacht über die Sprüche, die von einem Tisch zum andern fliegen, er mischt sich ein. Ein attraktives Trio am Nebentisch fällt ihm auf, Jungs in Rollkragenpullovern und Lederjacken mit einer jungen Schönen – wer gehört hier wohl zu wem? Als die beiden Männer sich mit Küssen verabschieden und – Hand um Schulter und Hand um Hüfte – gemeinsam den Raum verlassen, überkommt es Karsten, ihnen nachzulaufen. Er weicht nicht mehr von ihrer Seite, ohne dass sie es bemerken. Er folgt ihnen in einen ziemlich blöden Film (*In & Out*, Schwuler Lehrer merkt nicht, dass er schwul ist) und lacht an denselben Stellen. Er spitzt die Ohren, um ihre bissigen und zickigen Kommentare mitzukriegen. Als der Film aus ist, läuft er ihnen hinterher, starrt auf ihre überkreuzten Arme, die Hände jeweils in die Jeanstasche am Hintern des Partners geschoben. Er fühlt sich maßlos angezogen, er würde ihnen bis ans Ende der Welt folgen, um den Ort zu finden, an dem man so sein kann. Dann sitzt er bei einem billigen Italiener am Nebentisch und trinkt viel zu viel Grappa. Endlich muss es ihnen aufgefallen sein, dass wo auch immer sie hingehen er auftaucht, sie angestrengt beiläufig beobachtet, jedes ihrer Worte aufsaugt. Sie lachen und schauen zu ihm, seine Ohren fangen zu glühen an, er kichert verlegen. Jetzt lachen die beiden noch lauter: »Wie süß.« Sie sprechen ihn an, und er kennt sich nicht mehr wieder. Es sprudelt aus ihm heraus – schlagfertig, fast schon witzig. Nach einem kleinen Geplänkel schauen sich die beiden an, ein kurzes Nicken, ob er denn Lust habe mit ins »Connection« zu gehen. Was auch immer das ist – er will! Er fragt lässig, ob das ein neuer Club sei, und sie lachen schon wieder und ziehen ihn mit.

Eine lange Männerschlange vor dem Club, Karsten weiß nicht, wo er seine Augen lassen soll. Er fühlt sich taxiert. Er bleibt dicht bei seinen Vertrauten, die ihn geschickt immer wieder in ein Gespräch verwickeln. Er fröstelt vor Angst und Aufregung. Soll er sich nicht doch verdrücken? Unaufhaltsam nähern sie sich dem Eingang, einem düsteren Schlund. Karsten schiebt seinen Schein über die Theke des Türstehers, der ihn abschätzend mustert und nickend einen Stempel in die Handfläche drückt. Seine Begleiter legen die Arme um seine Schultern, zeigen ihm wie Einheimische dem Fremdling ihren Gral mit seinen exotischen Riten, Arealen und Gebräuchen. Sie drängen sich in die Stammestänze hinein, dann wieder hinaus, durch eine Boutique mit Kultobjekten, Reliquien und Fetischen. Sie eskortieren ihn durch die verschlungene heilige Zone in der Tiefe des Clubs, in den Darkroom (ein Glück, dass ihn das Kino auch hierauf vorbereitet hat), schwarz und schwarz. Der Lärm der Disco ist hier kaum zu hören. Stattdessen tastende Schritte, Kleidung reibt an Kleidung, Haut an Haut. Ein Stöhnen dann und wann und immer wieder leichte, fragende Berührungen. Karsten ist froh, sich an die beiden halten zu können, während sie rastlos durch die Gänge streifen. Wie im Fieber wechseln die Bilder, immer schneller, bis die beiden zielsicher auf den Ausgang zusteuern, bis der dunkle Schlund ihn wieder freigibt. Er atmet auf. Dankbar lässt er sich von dem einen nach Hause ziehen. Oder ist es der andere?

Karsten vergräbt sich unter seiner Bettdecke, stopft sich das Kissen unter den Arm. Nie mehr aufstehen. Er döst, er träumt, er erinnert sich. Hat die Haut ein eigenes Gedächtnis? Er verbringt den halben Tag damit, Berührungen nachzuspüren, Worten, einem stechend süßen Schmerz. Das Begehren und seine Erfüllung, der Hunger und die Sättigung, Karsten schämt und windet sich. Die Körperwoge im »Connection« gibt keine Ruhe; Gesichter blitzen in ihm auf: André heute Nacht auf dem Weg zu seiner Wohnung, Ronnie, wie er aufgedreht und albern John Travolta imitiert – André zieht ihm das T-Shirt über den Kopf, Boris auf der Treppe im Amt, stolz und unnahbar, und wieder Ronnies grinsendes Gesicht über ihm im Schwitzkasten, und wieder André, der ihn zwingt, und alles fließt weg, als er sich ergibt.

Karsten wird vorsichtig wach und panisch. Er fängt tastend an zu denken. Ein schwefliges Gebräu breitet sich in seichten Schlieren in seinem Magen aus. Ihm ist übel, speiübel, kotzübel. Er will zurück. Er will das alles wegwischen, auslöschen. Er will in seiner Mansarde liegen, den Birnbaum links vor dem Fenster, die Plakate mit Matt Dillon und Johnny Depp an der Schräge über dem Bett. In der kleinen harten Armbeuge von Nico.

Irgendwann steht er doch auf. Er fängt an aufzuräumen. Er zieht in sich drin jede Schublade auf, wirft einen schnellen Blick hinein, schiebt sie wieder zu. Er sucht Vorwände um mit Claudia zu reden, fängt sie ab, drängt ihr einen Kaffee auf. Es geht ihr nicht gut; sie sitzt im Bademantel vor der Glotze, raucht. Für Karstens zögerliche Bekenntnisse (»Ich glaub, ich weiß jetzt endlich, aber das ist alles so neu für mich«) hat sie keinen Nerv.

Als er am Abend am Küchentisch sein eigenes Erdbeben ignoriert und Claudia geduldig befragt, bricht das ganze Elend aus ihr heraus. Vielleicht liegt es auch am Weinbrand, dass Claudia ihn mit ihrem Unglück überschwemmt. Sie gesteht, dass sie seit Monaten nicht mehr an der Uni war. Sie schluchzt, dass sie den Anschluss längst verloren hat. Sie flennt. Dass sie sich immer wieder abschleppen lässt, sich dafür hasst, aber diese Typen noch um einiges mehr. Sie schluchzt. Wozu eigentlich noch aufstehen? Jetzt ist sie schon über dreißig und eigentlich ist doch alles gelaufen.

Claudia ist ziemlich knülle, als Karsten ihre länger werdenden Pausen nutzt, um sein eigenes Elend dazwischenzustopfen: Genau, so ging es mir auch, aber du hattest ja wenigstens, und ich hatte nie, ja, ja, das kenne ich. Schließlich sickert seine ganze unglückliche Esslinger Zeit heraus, die Unsicherheit, ob es nun Mädchen wären oder Jungen, die ihn anmachen, und dass er immer der beste Freund seiner Freundinnen war, ihr Beichtvater und Berater oder einfach der Teddybär. Und in diesem wahnsinnigen Club gestern Abend, in dieser fremden Welt, habe er sich lebendig gefühlt. Alles sei ganz einfach gewesen, er habe getrunken und getanzt und geknutscht und sei dann einfach mit diesem André nach Hause gegangen, und sein Freund habe ihnen noch viel Spaß gewünscht. Und das wirklich Verrückte sei, dass ihm das alles ein Verrückter geweissagt hätte.

Claudia dämmert inzwischen vor sich hin, aber Karsten stört das nicht oder nur ein klein wenig. Beim Erzählen merkt er, wie die Panik einer großen Gelassenheit weicht. Eigentlich ist doch gar nichts passiert.

Stumpf wie Kreide

Frau Raschke blickt Karsten mit großen Augen erwartungsvoll an: »Na, wie ist es Ihnen ergangen? Sie mussten ja ganz schön ins kalte Wasser springen! Tut mir leid!« Karsten zuckt ganz lässig mit der Schulter, völlig abgeklärt: »Ach, war weiter kein Problem. Wie sagt die Wölffin immer? Wer weiß, wozu's gut ist. Sie hätten die Hauspflege für Herrn Grünthal vermutlich in zehn Minuten organisiert, ich hab dazu drei Tage gebraucht, aber wie gesagt – wer weiß, wozu's gut ist. Jetzt kann ich die Hauspflegemodule auswendig rauf und runter singen, Sie werden sich wundern!«

Karsten präsentiert stolz seine Akten und seine schönen Vermerke. Er fühlt sich gehärtet, er hat ein Fegefeuer überstanden und keiner sieht es ihm an. Als Friedhelm der Grapscher ins Zimmer kommt, übernimmt Karsten das Kommando: »Dreimal, dann ist Schluss!« Dreimal vor und zurück, vor und zurück, vor und zurück streicht ihm Friedhelm verzückt über die Haare und zieht dann wieder ab. Raschke staunt und Karsten wächst. Er hat jetzt alles im Griff. Er ist stark und großzügig, vielleicht sogar souverän.

Die Wölffin streckt den Kopf rein: »Ich fahre in die Klinik raus. Will jemand mit?«

Karsten blickt fragend auf Frau Raschke, fängt ein aufmunterndes Nicken ein und schnappt sich seinen Rucksack: »Wenn Sie jetzt wieder die Stellung halten, würde ich gerne Boris Salowski noch mal besuchen. Seine Mutter war doch letzte Woche hier.«

Gleich im Park stößt er auf Boris. Er erkennt ihn kaum. Die wirre schwarze Mähne ist weg, abgehackt. Boris hat plötzlich ein rundes Vollmondgesicht. Hat er zugenommen? Karsten ist erleichtert, dass ihm die deprimierende Station erspart bleibt. Boris tapert unruhig vor einer Bank hin und her, auf der einige ältere Männer sitzen. Als Karsten auf ihn zugeht, stammelt Boris schon von weitem los: »Ich kann Ihnen das Geld noch nicht zurückgeben, hab mein Taschengeld noch nicht bekommen. Haben Sie vielleicht eine Zigarette für mich?«

Karsten erklärt, dass er ihn besuchen wolle.

»Mich?« Boris zieht sich misstrauisch zurück.

»Ja, ich bin extra hergekommen, um Sie zu besuchen. Ich dachte, wir können hier irgendwo einen Kaffee zusammen trinken. Ich lade Sie ein!«

Gemeinsam überqueren Sie das Klinikgelände, Boris beantwortet karg die Fragen, die Karsten mühsam aus sich herausklaubt. »Wie geht es Ihnen zur Zeit?« – »Nicht so gut.« – »Was ist das für ein Gebäude hier?« – »Die BT und die AT« – »Was ist das, BT und AT?« – »Beschäftigungstherapie und Arbeitstherapie.« – »Was macht man denn da?« – »Ick weeß nich. Papierkörbe flechten. Seidenmalerei. Aschenbecher kneten. Stecker zusammenstecken.« Karsten spürt, dass Boris nur unwillig antwortet. Er hört zu fragen auf, wortlos gehen sie nebeneinander her. Karsten vermutet, dass Boris inzwischen die Medikamente nehmen musste, denn er hat sich verändert. Dieser ungeheuer elastische Gang, wie Karsten ihn nur von schwarzen Rappern kennt, ist einem unsicheren Geschlurfe gewichen. Karsten versucht, seine Schritte anzupassen, aber es gelingt ihm nicht. Boris bittet erneut um eine Zigarette, er raucht hastig, er saugt den Stängel gierig aus. Endlich finden sie in einem Flachbau die Cafeteria, Karsten fragt Boris, was er will. »Kaffee«, meint er knapp, und Karsten holt für alle Fälle noch zwei Schokoriegel dazu. Eigentlich wollte er heute mit Boris ein wirkliches Gespräch führen, vertraut, vertraulich. Er wollte ihm heute erklären, wie schlimm er die Einweisung fand, die ganze Klinik, und dass er die großen Stiefel inzwischen angezogen hat. Aber Boris Augen sind verhangen, ein großes »Geschlossen«-Schild hängt vor seinem Gesicht. Karsten beschließt, ihm Fragen zu seinen Hobbys zu stellen, hat aber kaum Erfolg. Boris antwortet einsilbig, manche Fragen überhört er. Er rutscht unruhig hin und her, beide Schokoriegel zermalmt er in Sekunden, er schmatzt und schleckt sich die Schokolade von den Lippen. Karsten spürt Enttäuschung und Widerwillen in sich hochsteigen. Er strengt sich so an und was ist der Dank? Plötzlich steht Boris auf und sagt: »Kann ich jetzt gehen? Mir geht es nicht so gut. Komm doch morgen wieder!«

Boris drückt ihm lange die Hand und verschwindet dann blitzartig. Karsten ist ratlos und beschließt, der Station doch noch einen Besuch abzustatten. Verschiedene Patienten sprechen ihn an. »Sind Sie der Sozialarbeiter? Ich habe mein Taschengeld noch nicht.« Im Nu ist Karsten von mehreren Männern und Frauen umringt, die auf ihn einreden. Er wird um Ausgang und Geld gebeten und um Zigaretten natürlich. Man beschwert sich bei ihm: »Man hat mich bestohlen und gefoltert.« – »Ich wurde festgeschnallt.« – »Können Sie meinem Betreuer sagen, dass ich eine andere Wohnung brauche?«

Endlich wird Karsten von einem Krankenpfleger entdeckt, der mit ihm in den ruhigen Personalraum geht. »Vom Sozialpsychiatrischen Dienst?«, fragt auch er skeptisch. Erst als er »Praktikant« hört, entspannen sich seine Züge.

»Ich wollte Boris Salowski besuchen, weil ich mich in der nächsten Zeit um ihn etwas stärker kümmern soll. Ich habe ihn auch im Park getroffen, doch er hat kaum mit mir geredet. Ich war mit ihm in der Cafeteria, aber er ist nach fünf Minuten weggegangen.«

Der Krankenpfleger, Herr Lüttich, sieht ihn verständnislos an. »Salowski? Aber der ist doch wieder ganz friedlich! Wir geben ihm jetzt hoch dosiert Fluanxol, aber ein paar Wochen braucht der schon noch. Er hat erst seit dieser Woche Parkausgang. Kommen Sie doch nächste Woche wieder.«

Ratlos geht Karsten noch einmal über die Station, als ihm Yvonne Berger-Odenthal lächelnd entgegenkommt. »Karsten

Schäfer, was machst du denn hier? Komm, für einen kurzen Kaffee in meinem Zimmer reicht es gerade noch.« Karsten erzählt noch einmal von seinem missglückten Besuch und Yvonne beruhigt ihn. »Der Boris kann gar nicht anders, auch wegen der Medikamente. Der ist jetzt so gedämpft und eingebunden, dass jedes längere Gespräch eine Qual für ihn ist. Der freut sich bestimmt, wenn du kommst, aber er kann nicht viel mit dir machen, reden oder zuhören schon gar nicht. Mach mit ihm eine Runde im Park, nicht zu lang, und komm öfter mal wieder. Boris ist misstrauisch, das verstehst du doch, er hat ja allen Grund. Du könntest mal mit ihm in seine Wohnung fahren, dort ein bisschen mit ihm aufräumen. Das Reden, das kommt dann schon. Das braucht alles Zeit, Zeit, Zeit. Aber ich werde das hier gerne ins Team einbringen, dass du in der nächsten Zeit für Boris zuständig bist. Vielleicht könnt ihr euch mal zusammensetzen.«

Wie vereinbart wartet Karsten am Auto auf die Wölffin. Zeit, um nachzudenken, Zeit, um das Klinikgelände zu beobachten. Er sieht Appenzell mit Yvonne Berger-Odenthal, Appenzell redet auf sie ein, sie schlendern zur Cafeteria. Ein Krankenwagen fährt auf das Gelände, ein Polizeiwagen kommt hinterher. Er läuft neugierig ein Stück zur Aufnahme, um zu sehen, wer gebracht wird. Herr Kleiner, der Alkoholiker aus der Sprechstunde wird aus dem Wagen gezerrt. »Sicher ein Delir oder eine Halluzinose«, meint die Wolff, die plötzlich neben ihm steht. »In drci Tagen ist der wieder fit. Ein erfahrener Schluckspecht wie Kleiner macht das mit links. Ganz gut, dass er mal wieder aufgepäppelt wird.« Karsten erzählt auf der Rückfahrt von Boris und seinem Vollmondgesicht und seiner Gier. »Eine Tragödie, diese Krankheit. Ob man wohl je herausfinden wird, was das genau ist? Im Moment suchen sie ja wieder eine Stoffwechselstörung. Das wäre wirklich ein Segen, wenn sie das endlich knacken. Sie sind sicher erschrocken, den wilden Salowski jetzt so gezähmt zu sehen! Ja, das ist immer wieder deprimierend. Aber es geht

wohl nicht anders!« Karsten horcht die Wolff noch ein bisschen aus, über Schizophrenie, Neuroleptika und Appenzell. »Was, Appenzell in der Klinik? Ich wusste gar nicht, dass der sich in solche Niederungen begibt. Mit Berger-Odenthal, sieh an. Die ist doch verheiratet! Ob da wohl was im Busch ist?«
Mit Frau Raschkes Genesung wird Karsten endlich richtig an die Dienststelle angedockt. Jetzt ist er kein Neuling mehr, schließlich hat er alleine die Stellung gehalten. Die Informationen dümpeln nicht mehr im Pausenraum, sie fließen plötzlich mitten durch das Zimmer, nicht mehr hinter seinem Rücken. Die Kolleginnen kommen und gehen, um Frau Raschke auf den neuesten Gerüchtestand zu bringen. Schwertfisch e.V. will die geplante Tagesklinik aufbauen? Als freier Träger? Wie soll denn das gehen! Berger-Odenthal hat sich beworben? Woher weiß die denn das? Aber Appenzell will die Tagesklinik in die Trägerschaft von Synerg e.V. kriegen, da sitzt er im Vorstand. Wo die doch schon die Tagesstätte mit zwölf Plätzen wollen. Auch die Wölffin kommt hereingestürmt: »Haben Sie das gehört, Raschke? Der Appenzell, unser Oberschlaumeier, will sich jetzt auch noch die Tagesklinik grapschen! So ein Knallkopp! Der will doch die Tagesstätte und die Tagesklinik nur, damit er seine Hirngespinste ausprobieren kann. Damit er irgendwann den Nobelpreis kriegt. Der behält dann die Leute monatelang, weil er bis zur Großnichte die ganze Sippschaft therapieren muss. Und noch drei Monate, weil er den Quatsch durch seine Computer jagen muss. Und unsere Schwierigen bleiben außen vor! Nur über meine Leiche!«

Sie rast schon wieder weg. Raschke hinterher, kommt aber gleich ziemlich blass zurück. »Ich musste ihr doch erzählen, dass Berger-Odenthal in die Tagesklinik wechseln will. Jetzt ist sie natürlich stinkig. Wenn die Berger-Odenthal geht, kriegen wir doch bei diesem Stellenstopp keinen neuen Arzt mehr. Und die Wolff muss alles alleine machen. Au weia, da brennt die Luft!«

In den nächsten Tagen sortiert sich das Chaos, aber davon wird es auch nicht besser. Raschke erzählt die Einzelheiten am Telefon und im Pausenraum, bis alle Zellen des bezirklichen Organismus gesättigt sind. Sogar in der Dienstbesprechung fallen Andeutungen. Schwertfisch ist ein kleiner Verein, der von der Psychiatrie-Koordinatorin und der Stadträtin unterstützt wird. Schwertfisch unterhält als Träger ein paar kleine Wohngemeinschaften und Betreutes Einzelwohnen, Boris Salowski hat in einer dieser WGs mal kurz gewohnt. Und dann gibt es Synerg e.V., den neuen Psychiatrie-Moloch des Bezirks, der ein viel zu großes Übergangswohnheim der Klinik übernommen hat, das Frau Raschke schon lange ein Dorn im Auge ist.

Karsten traut sich jetzt häufiger, seine Anleiterin nach den Hintergründen zu fragen, denn nun versteht er auch die Antworten. »Wir müssen ja die ganzen Kosten befürworten. Das ist alles Eingliederungshilfe, § 39 BSHG, lesen Sie mal nach! Da kriegt man halt mit, was das alles so kostet. Früher waren die Patienten zwanzig Jahre in der Klinik, heute sind sie zehn Jahre im Übergangswohnheim. Und weil sie ihre Plätze nicht mehr voll kriegen, entlassen sie keinen. 150 Mark am Tag! Das ist ja wie eine Lizenz zum Gelddrucken. Und jetzt will der Synerg auch noch die Tagesklinik, da kann man sich denken, was dabei rauskommt. Hier sind die meisten im Team für Schwertfisch, die haben mit unserer Kontaktstelle angefangen, die wissen, was unsere Leute brauchen. Übrigens: Es ist von ziemlich unsauberen Machenschaften die Rede. Appenzell hat in der Szene einige Leute ganz schön an der Kandare. Und wer im Verein nicht nach seiner Pfeife tanzt, so heißt es, der fliegt hochkant raus. Wenn es stimmt, dass der die ganzen Einrichtungen nur benutzt, um seine Experimente zu machen – na dann Mahlzeit. Dann wird es langsam kriminell.«

Ein wenig fühlt sich Karsten von allen Seiten umzingelt, hineingezogen in ein Geraune und Geflüster, wehrlos. So müssen sich Kinder fühlen, wenn die Eltern zu streiten anfangen, wenn die Trennung in der Luft liegt. Eigentlich hat Karsten mit all dem nichts zu tun, aber er wird bedrängt. Vor wenigen Wochen wusste er noch nichts von dieser komplizierten Trägerlandschaft, und jetzt soll er eine eigene Meinung haben. Yvonne Berger-Odenthal kommt häufiger zu ihm ins Zimmer, um von Boris Salowski zu berichten. Wenn Raschke da ist, geht sie schnell wieder, ist Karsten allein, fragt sie, ob er Lust auf einen Kaffee habe. Sie wird von den anderen geschnitten, braucht ihn als Zuhörer, als Beistand. Sie verteidigt Appenzell und beichtet, dass er ihr unter der Hand die Leitung der Tagesklinik angeboten habe, zu noch besseren Bedingungen als das Team von Schwertfisch. Karsten muss schwören, bei seiner Großmutter, es keinem – auch Klüppel nicht – zu verraten.

In den Gremien werden alte Rechnungen ausgegraben, hochgehalten, nicht beglichen. Alles hängt mit allem zusammen. Thomallas Mann arbeitet bei Synerg, Klüppel sei, so munkelt man, mit dem Geschäftsführer heftig befreundet. Die Klinik am Rande der Stadt wird den Versorgungsauftrag für den Bezirk verlieren, das kleine Krankenhaus wird eine Psychiatrische Abteilung bekommen. Warum machen die eigentlich nicht die Tagesklinik? Weil die Abteilung noch gar nicht aufgebaut ist, weil es noch kein Personal gibt, weil das kleine Krankenhaus pennt!

Karstens Heimweg ist sein täglicher Lichtblick. Denn Berlin ist das Geld ausgegangen. Die großen Brunnen auf den Plätzen sind trocken. Die Jungs nutzen die ausgefallenen Spielplätze für dreiste Fahrten mit den Inline-Skates. Karsten könnte sich totlachen über ihre riesigen Hosen, die wie vollgekackte Säcke um ihre Ärsche baumeln. Große schwerfällige Braunbären heben die Beine, setzen den abgeklärtesten Männerblick der Welt auf, bevor sie in die Knie gehen, abheben, um dann mit kindlichem Grinsen auf den Marmor der Einfassung zu krachen. Karsten bleibt lange stehen, er beobachtet Skater,

Rapper, Breakdancer, klampfende Penner. Hin- und hergerissen landet er spät in Claudias Küche, wo es von Tag zu Tag dreckiger aussieht. Er bringt die Flaschen runter, wäscht ab, wischt auf. Er hört sie in ihrem Zimmer, am Telefon, vor dem Fernseher, sieht sie nur kurz auf ihrem Weg vom Kühlschrank zum Bad, zurück in ihr Bett. Sie schickt ihn Zigaretten holen, Wein von der Imbissbude, Schmerzmittel aus der Nachtapotheke.

Dabei hat der Sommer angefangen und die Stadt zeigt sich von ihrer schönsten Seite. Man könnte durch die Straßen hüpfen, im Tiergarten dösen oder sich in den weichen märkischen Gewässern – Glienicker See, Sakrower See, Wannsee – treiben lassen, schwerelos und frei. Er legt sich abends oft an die Ränder, etwas abseits von den Nackten am Teufelssee, am Bullenwinkel, am Halensee. Ab und zu gelingt es ihm, Claudia mitzuschleppen. Er wird allmählich rot und braun.

Nachts liegt er in seinem Bett, rauft sich die Haare, wälzt sich. O Gott! Von Nico treffen Briefe ein, unerwartet intime Sätze (»Ich konnte es dir nie sagen, aber mit dir ...«), die ihm schmeicheln und deren Gefühlsduselei ihm peinlich ist. Er könnte einfach zurückgehen, Nico hochheben und sie über irgendein gefährliches Gewässer tragen. Wie der heilige Christophorus. Das könnte er tun. Er stellt es sich vor. Ganz kurz ist er erleichtert und froh. Oder er könnte noch einmal in diesen Club gehen (würde er ihn überhaupt finden?) und André suchen und sich von ihm nach Hause tragen lassen. Aber er kann es nicht. Er kann es einfach nicht. Er traut sich nicht. Er kann nicht mehr nachvollziehen, welcher Teufel ihn in jener Nacht geritten hat. Immer wieder denkt sein Körper an das Vergnügen, einen gleichartigen Körper anzufassen. Ähnlich breit, ähnlich groß, ähnlich griffig. Ein Doppel-Wabbel.

Diese Nacht hat ihm einen Körper-Spiegel vorgehalten. Das ist es, das ist es. Dass ihn nicht das Fremde reizt, sondern das Gleiche, nicht das Andere, sondern das Eigene. Das ist das Unfassbare, das Gleiche zu mögen. Er war in diesem fremden Mann zu Hause, in diesem fremden Mann, der älter war und anders sprach, aber in den Karsten heimkommen konnte zu sich selbst. Karsten denkt und denkt und schläft ein.

Mit der Junihitze ist eine bösartige Hektik in das Amt geschlichen. Vor dem Gebäude wartet manchmal schon um acht ein Funkwagen, im Flur wispern die Funkgeräte. Die Wolff kommt auf der Suche nach einer Schreibkraft in die Kanzlei, aber heute hat sich sogar die unermüdliche Wilke krankgemeldet.

Die Wolff flucht. »Soll ich das schnell tippen?«, fragt Karsten ganz arglos und die Wölffin zuckt zusammen.

»Schäfer, sagen Sie bloß, Sie können das? Bei diesen elektronischen Ungetümen blickt doch keiner von uns durch!« Karsten wirft seine Jacke über den Drehstuhl, drückt ein paar Tasten und der Unterbringungsantrag mit seinen vier Durchschlägen wird eingezogen. Die Wölffin starrt entgeistert, fängt sich aber. Sie diktiert ihm die Daten, murmelt zwischendurch vor sich hin: »Ist ja logisch. Meine Söhne verbringen ja auch ihr halbes Leben mit dieser Technik. Diese Jugend, manchmal ist sie doch zu was nütze!«

Karsten haut im Zeitraffer das Diktat der Ärztin in die Maschine, fehlerlos, und zieht schwungvoll den Bogen raus. Sein Blick wandert zur Tür, auf Raschke, Klüppel und Mike, die grinsend applaudieren. Raschke blökt: »Da staunen Sie, Frau Dr. Wolff! Schäfer, unser Trampel!« Karsten wird rot und wütend, reißt seine Jacke von der Lehne und hastet zu Raschkes Zimmer, zu seinem Zimmer. Es ist abgeschlossen. Er flucht und kramt in seiner Hosentasche, Klüppel legt ihm die Hand auf die Schulter. »Alles in Ordnung. So sind sie eben. Lass dich jetzt bloß nicht als Tippse missbrauchen!«

Am Treppenhaus wird es laut, eine Polizistin fragt, ob sie mal telefonieren könne, sie pellt sich Einweghandschuhe von den Fingern. Ein grün-weißes Knäuel wälzt auf sie zu, und einer der Krankenwagenfahrer im weißen Anzug brüllt: »Gukken Sie doch nicht so blöd, vielleicht fassen Sie mal an!« Karsten greift blind nach einem Arm, versucht ihn festzuhalten, ein dumpfer Schlag trifft sein Auge. Mike rennt aus der Kanzlei, zieht ihn zur Seite und packt den Arm, sie werfen den Mann auf den Boden und wenige Sekunden später klicken die Handschellen. »Warum habt ihr dem Heini nicht gleich die Acht jejeben, Scheiße aber auch«, flucht ein Polizist, Karsten geht in die Hocke und hält sich die Schläfe. Mit halbem Auge erkennt er einen sportlichen, durchtrainierten Körper, einen Typen im Jogginganzug, vielleicht direkt aus dem Fitness-Studio. Er grinst betrunken, er grinst hämisch. Auch die Grünen grinsen, die Fahrer grinsen und irgendeiner äfft: »Hat das Dickerchen Aua? Soll Mama kommen und heile, heile Segen machen?«

Karsten verschwindet beleidigt aufs Klo. Blöde Typen, Scheißmacker! Er hält den Kopf unter den Wasserhahn und schüttelt sich. Das »Dickerchen« sitzt tiefer als der Schlag aufs Auge. Im Pausenraum findet er Mike und einen Kaffee in der Thermoskanne. »Tut's noch weh?«, fragt Mike.

Karsten winkt ab. »Wir haben uns noch gar nicht richtig gesehen. Du siehst ja irre gut aus«, begrüßt er Mike. »Wie war dein Urlaub?« Mike erzählt ganz begeistert von den zwei Wochen mit seiner neuen Freundin in Griechenland. »Wollten wir nicht mal zusammen ins Kino?«, wechselt Karsten das Thema. Er starrt auf Mikes knappes T-Shirt und zieht den Bauch ein.

»Lass uns was ausmachen, viel Zeit ist nicht mehr. In fünf Wochen ist meine Zeit hier rum, und dann zieh ich zu Nadine, die hat in Greifswald einen Studienplatz. Samstag um neun im »Web Site«? Dann suchen wir uns einen richtig abartigen Horror-Streifen aus!«

Karsten nickt, zu allem entschlossen, und ärgert sich noch einmal über den fiesen Krankenwagenfahrer. »In den härtesten, den wir finden können.« Er ist doch kein Weichei!

Am nächsten Morgen begleitet er Raschke zum Hausbesuch bei Herrn Kleiner im Charlottenburger Kiez, in der Knobelsdorffstraße. Ohne Herrn Kleiner, der hängt noch am Tropf in der Entgiftung. Gestern ist ein Polizeibericht eingetroffen. Kleiner hat im Entzugsdelir Soldaten halluziniert, die ihn erschießen wollten. Er hat die 110 gerufen und die Polizisten haben versucht, sich einen Weg in das Wohnzimmer freizukämpfen. Raschke ist schockiert und hat ein schlechtes Gewissen. »Dass der in einer Müllhalde wohnt, hätte ich mir ja denken können. Aber irgendeiner geht einem immer durch die Lappen.« Wohnungsaufsicht und Vermieter wurden auch verständigt, und so trifft sich ein ziemlicher Pulk von Anzugträgern und Sozialtanten mit Flatterhosen und Baumwollhängern im Hausflur. Die Sozialarbeiterin aus der Klinik hat den Schlüssel mitgebracht; schon vor der Wohnungstür wabert eine Melange von Billigtabak, Schnaps und Urin, einige drücken sich etwas dramatisch ein Taschentuch vor die Nase. Hausverwaltung, Bauaufsicht und Hausmeister schubsen mit der Schuhspitze Zeitungen, Essensreste und leere Flaschen zur Seite. Die Sozialarbeiterinnen setzen eine neutrale Miene auf, kramen geübt blaue Säcke aus ihren großen Umhängetaschen und lassen blitzschnell den nächstliegenden Krempel verschwinden, geben aber bald auf. »Unglaublich, dass ein Mensch so hausen kann, Grundreinigung, Totalrenovierung, Entmüllung. Schweine sind reinliche Tiere dagegen, und das alles unter Aufsicht des Amtes, Betreutes Saufen.«

Karsten ist schockiert über das, was er sieht, und, in anderer Weise, über das, was er hört. Er denkt: »Wie kann ein Mensch so hausen, unglaublich, widerlich, ich muss gleich kotzen.« Gleichzeitig rebelliert er gegen den abfälligen Ton, in dem die Krawattenträger über Herrn Kleiner, das Amt und die Sozialarbeit herziehen. Er hat sich als Letzter in den Flur gequetscht, entdeckt das Badezimmer, das mit Exkrementen überzogen ist. Vermutlich weil die Toilette verstopft ist, hat Herr Kleiner seine Notdurft in Kübel und Schüsseln verrichtet oder direkt auf den Boden. Die Küche schenkt sich Karsten nach einem flüchtigen Blick auf Schimmel und Gekrabbel. Die Einrichtung ist nicht mehr zu identifizieren.

Es blitzt. Der Mensch von der Hausverwaltung hat eine Kamera dabei, sucht den optimalen Blickwinkel, geht in die Hocke, versucht sich gleichzeitig ein Taschentuch vor den Mund zu halten. Karsten fällt auf, dass alle Anwesenden versuchen, möglichst abgebrüht auf den Dreck zu blicken. »Ich bin ja einiges gewohnt, aber das hier …« hört er immer wieder. Auch er selbst strengt sich an, einen coolen und abgehärteten Eindruck zu machen. Aber den Coolness-Wettbewerb gewinnt eindeutig seine Anleiterin, Frau Raschke, Karsten ist stolz auf sie. »Na ja, meine Herren, jetzt wollen wir mal nicht übertreiben. Eine solide Grundreinigung, neue Tapeten, ein paar Möbel aus dem Spendenkeller – da habe ich schon ganz andere Sachen gesehen.«

Hämisches Gelächter und Stimmengewirr: »Und 14 Tage später ist die Kacke wieder am Dampfen. Ende der Fahnenstange. Kleiner kommt hier nicht mehr rein.«

Frau Raschke lacht: »Na ja, wenn es so einfach wäre. Sie wissen doch genau, dass Sie mit einer Räumungsklage nicht durchkommen. Setzen Sie Herrn Kleiner eine Frist, dann wird das wieder. Die Kosten kriegen wir beim Sozialamt schon durch, wenn der Wohnraum erhalten werden kann. Und wir verpassen ihm noch eine Hauspflege, die die Wohnung in Schuss hält.« Skeptische Blicke mustern Frau Raschke, Karsten und die Kollegin aus der Klinik. Als stünden sich zwei Welten gegenüber, der gesunde Menschenverstand mit Krawatte und Anzug und drei weltfremde Spinner mit Gesundheitslatschen.

Man beschließt, das Gespräch im Hof fortzusetzen, in der frischen Luft. Mit leichtem Schmatzen lösen sich die Sohlen, die blauen Säcke bleiben erst mal liegen und die Prozession wandert weiter. Karsten lauscht, beobachtet und bewundert Frau Raschkes Diplomatie. Sie wirft andere Klientennamen in die Luft, überschwemmte Küchen, Ratten, Maden. »Können Sie sich noch an Wuppke erinnern? Der hat da noch drei Jahre gewohnt, letztes Jahr ist er im Heim gestorben. Das war 'ne Wohnung, was? Ein anderes Kaliber!« Man verabschiedet sich fast freundschaftlich, jeder hat seinen Job getan, seine Rolle gespielt. Wieder liegt diese euphorische Stimmung in der Luft, die Karsten an Klassentreffen und Familienfeiern erinnert. Wie damals nach seiner ersten Zwangseinweisung, bei Boris Salowski. Aufgeregt vergleicht die Kliniktante ihre vollgemüllten Wohnungen mit denen von Raschke. »Achtzig blaue Säcke, ehrlich.« Raschke kontert: »Ich hatte mal einen, der war wohl Schuhfetischist, da haben wir über 300 Paar Schuhe auf dem Dachboden gefunden. Kam alles auf die Kippe, 300 Paar Schuhe, alle angeschimmelt.«

Im Amt geht es noch ein bisschen weiter, Karsten schürt das Feuer, denn er liebt diese Geschichten. Bald wetteifern Wolff, Klüppel und Raschke miteinander, der Rest der Mannschaft gibt auch noch seinen Senf dazu. Wild rudern die Arme durch die Luft, noch größer, noch breiter, noch ekliger. Die Zahlen werden immer höher. Karsten lernt eine neue Maßeinheit kennen: das Maß der blauen Säcke. Bald watet das ganze Team in einem Meer von Kacke, Müll, Blut und Maden. Und den vielen Geldscheinen, die diese aufwendigen Aktionen verschlungen haben: »12000 Mark für die Renovierung, neue Balken mussten eingezogen werden, zweieinhalbtausend für die Putzkolonne, mit zwanzig Mann sind die angerückt.« Karsten freut sich darüber, wie die vielen ekelhaften Geschichten langsam den realen Ekel von Kleiners stinkender Wohnung aus seinen Eingeweiden verscheuchen. Was sie hier treiben, ist ein paradoxes Reinigungsritual, die Austreibung der Dämonen.

»Na Karsten, deine erste verwahrloste Bude? Hast du noch Appetit?« Klüppel spricht ihn freundlich an, ohne Häme, und erzählt von dem Dünnschiss, der ihn in seinem ersten Jahr kampfunfähig machte. »Da reagiert jeder anders – manche können nicht einschlafen, andere nichts mehr essen, aber die meisten hier vergessen das nach ein paar Minuten. Komischerweise gewöhnt sich der Mensch an alles, auch daran.«

In den nächsten Tagen lernt Karsten das Geschäft der Entmüllung. Raschke ist Profi, das läuft wie geschmiert. Sie verhandelt knapp und sachlich mit der Sozialarbeiterin in der Klinik die Zuständigkeitsfrage. Eigentlich wäre das alles deren Job, aber sie ist nur die Urlaubsvertretung. Raschke ist großzügig gestimmt: »Wenn ich hinterher mit den Beteiligten klarkommen muss, ist es besser, ich fädele alles ein. Und unter uns – ein bisschen peinlich ist mir das schon, wie diese Wohnung aussieht. Ich will auf keinen Fall, dass dem Kleiner die saubere Wohnung nach der Entlassung in den Schoß fällt. Es reicht, dass er bei der Begehung nicht anwesend sein musste. Schäfer, ich hätte gern, dass Sie bei den Terminen in der Wohnung dabei sind und Kleiner ein bisschen auf Trab bringen. Den Kram mit der Finanzierung machen wir gemeinsam, das ist vielleicht noch ein bisschen happig für Sie.«

Samstagabend wartet Karsten im »Web Site« in der Joachimsthaler aufgeregt auf Mike. Um einen absolut coolen Eindruck zu machen, setzt er sich schon um acht Uhr vor einen der Rechner und surft – als Mike um halb zehn endlich kommt – irrsinnig beschäftigt im Netz herum. Karsten ist erleichtert als sich herausstellt, dass er den absolut obergeilen Horrorfilm schon gesehen hat. »*Scream zwei*, na ja, der ist ganz nett. War ich aber schon drin. Lass uns doch ins Beta-Filmfestival gehen, das ist nur noch dieses Wochenende. »Filmkunst 66« ist auch ganz in der Nähe. Da laufen Filme, die keinen Verleih gefunden haben, die kriegst du nie mehr zu sehen!«

Mike zuckt mit den Schultern und sie schaffen es gerade noch rechtzeitig in die Bleibtreustraße. Der Andrang ist enorm und Karsten grinst Mike erwartungsvoll an. Die langen Locken hat Mike heute nicht zusammengebunden und er streicht sie immer wieder ungeduldig aus dem Gesicht. Noch immer ist es zu heiß, um die Jacke anzuziehen. Vor und hinter ihnen halten lässige Jungs, sicher Filmstudenten, Bierflaschen in ihren braun gebrannten Händen; an ihren Fingern leuchten breite Silberringe in der Dunkelheit auf. Sie tragen raspelkurze Haare, blond gefärbt oder schwarz, manche einen kleinen Ziegenbart. Endlich haben sich alle auf ihre Plätze gedrängelt, links von Karsten versucht ein nervöser Lulatsch seine riesigen Füße unter dem Vordersitz zu verstauen. Er nagt an seinen Nagelrändern.

Nach drei Minuten weiß Karsten, dass er Mike nicht in diesen Film hätte schleppen dürfen. *Gummo*, eine amerikanische Originalfassung, hat eigentlich gar keine Handlung. Er zeigt nichts als das asoziale Alltagsleben in einer Provinzstadt. Zwei Halbwüchsige machen Jagd auf Katzen. Sie verhökern die Kadaver, besuchen eine Hure, schnüffeln Klebstoff. Mädchen machen gegenseitig an ihren Haaren, Brüsten und Zehennägeln herum. Männer saufen und hauen Möbel kaputt. Alle Wohnungen sind vermüllt oder vollgestopft mit Nippes. Die Darsteller sind durchweg verunstaltet, hässlich, absonderlich, behindert oder erschreckend vulgär. In einer unerträglich absurden Szene sitzt einer der zerzausten Jungs in einer Badewanne mit braunem Wasser und schaufelt Spaghetti, während ihm seine Mutter von hinten Shampoo in die Haare reibt. Der ganze Saal wiehert. Aber eigentlich weiß man nicht, was das Ganze soll. Mike fängt an zu schnarchen und rutscht zur Seite. Karsten kann sich von den Bildern nicht lösen, sie quälen und faszinieren ihn und er kostet jedes einzelne aus. Er wirft ab und zu einen Blick auf Mike und rüttelt ihn an der Schulter, als der Abspann beginnt.

Beim Bier im »Schwarzen Café« kommt Mike langsam wieder zu sich. Den Film erwähnt er mit keinem Wort. Er schwärmt von seiner Idee, in Greifswald einen Fahrradkurierdienst aufzumachen. Das blöde Amt mit seinen muffigen Akten hat er bald hinter sich. Nie mehr Psychiatrie! Mit Nadine will er ein ganz neues Leben anfangen. Karsten spürt sein Interesse an Mike verfliegen, wie Rauch entweicht, den man in ein Gefäß geblasen hat. Er ist nicht enttäuscht, sondern leer. Leer und müde. Er bestellt noch einen Tequila und noch einen. Seltsamerweise hat er jetzt das dringende Bedürfnis, Mike von seiner Nacht mit André zu erzählen, vielleicht weil er sich jetzt nicht mehr um ihn bemühen muss. »Hast du's schon mal mit einem Mann gemacht? Ich konnte mir das ja nie vorstellen, aber dagegen ist der Sex mit einer Frau wie kalter Kaffee. Ich hab neulich so einen Typ kennengelernt ...« Mike schneidet ihm das Wort ab: »Du, echt, lass mal stekken. Damit hab ich nichts am Hut. Ich finde so was einfach widerlich.« Karsten fühlt sich abgebügelt und wechselt das Thema. Ist ja auch egal. Mike meint, er müsse jetzt sowieso, und verabschiedet sich hastig.

Die verwahrloste Kleiner-Wohnung beschäftigt Karsten einige Wochen lang. Die Wohnung wird von einer abgebrühten Entrümpelungsfirma besichtigt, Karsten steht mit den Wohnungsschlüsseln parat. Der Kostenvoranschlag – satte 1820 DM inklusive Gebühr für die Müllkippe – wird mit einer handfesten Befürwortung beim Sozialamt eingereicht. Karsten trifft sich mit Kleiner, der trockengelegt erstaunlich kleinlaut ist, in der Wohnung zum Sortieren. In die berühmten blauen Säcke wird jetzt nicht der Müll gestopft, sondern alles, was Herr Kleiner behalten will. Das ist nicht viel. Kleiner stimmt ohne Widerstand allen Vorschlägen von Karsten zu: »Das brauchen Sie doch sicher nicht mehr. Das kann doch auch auf die Kippe.« Karsten ist jedesmal froh, wenn er den ätzenden Gestank hinter sich lassen kann, trotzdem hantiert er von Mal zu Mal gelassener. Dieselbe Prozedur mit dem Kammerjäger: Hausbesuch, Kostenvoranschlag, Befürwortung. Mit dem Putzmobil. Mit zwei Malerfirmen. Weil alles so lange dauert, muss Herr Kleiner vorübergehend ins Städtische Wohnheim. Die Entgiftung ist längst zu Ende, Kleiner war länger in der Klinik, als die Krankenkasse üblicherweise finanziert. Er fügt sich klaglos. Beim nächsten Termin in der Wohnung hat Kleiner schon wieder eine Fahne, Karsten schimpft mit ihm und petzt bei Frau Raschke. Die erträgt es mit Gleichmut: »Zu was sollte Kleiner denn trockenbleiben? Alle seine Kumpels, sein ganzer Kiez ist doch mit dem Suff verwachsen. Den Grund fürs Trockenbleiben, den muss er schon selber suchen. Finden wird er den wohl nicht.«

Karsten organisiert mit Kleiner Möbel aus dem Spendenkeller des Sozialamts, ein paar neue Tassen, Teller und Klamotten darf er sich auch anschaffen. Er ist erstaunlich anspruchslos. Freundlich. Karsten begreift allmählich, dass Herr Kleiner zu nett zum Leben ist. Er will es jedem recht machen, mit ein paar flotten Sprüchen und seinem heiseren Lachen huscht er über jede Unannehmlichkeit hinweg. Kleiner hätte auch den Verlust der Wohnung ohne Widerstand hingenommen, hätte sich mit einer Tüte und ein paar Flaschen einfach auf eine Parkbank gesetzt und den Kindern auf dem Spielplatz zugelächelt. Karsten versteht jetzt, wie die vielen Kleiners auf der Straße landen. Das viele Geld, die wochenlange Anstrengung, nur um seine Bude zu erhalten, so ein Gewese plötzlich! Aus dieser Warte betrachtet fragt sich Karsten, ob man die Dinge nicht einfach treiben lassen sollte. Schließlich: Wer weiß, wozu's gut ist! Als er im Pausenraum in dieser Richtung herumphilosophiert, bekommt er ordentlich Zunder, von allen Seiten: »Obdachlos werden unsere Leute schnell. Aber sie dann wieder in eine Wohnung zu kriegen – mein lieber Schwan. Eine günstige Wohnung mit toleranten Nachbarn muss man erhalten, fast um jeden Preis.« Da sind sich die Kollegen einig.

Vielleicht ist es der lethargische Kleiner-Virus, mit dem er sich angesteckt hat. Oder er ist einfach müde, ausgebrannt. Nun hat er – der Juni ist bald vorbei – schon mehr als die Hälfte seines Praktikums geschafft und plötzlich werden die Tage lang. Mike geht ihm aus dem Weg, wo er nur kann. Keine gemeinsamen Pausen mehr, über den Kinoabend haben sie nie mehr gesprochen. Karsten ärgert sich, dass er Mike von seiner ersten Nacht mit einem Mann erzählen wollte, aber dann ist er einfach nur froh, dass Mikes Zeit bald rum ist. Ein dummer Nachgeschmack bleibt. Soll so sein neues Leben aussehen? Wozu soll das alles gut sein, diese Anstrengungen, diese Sehnsucht, die dann doch unerfüllt bleibt. Beim Einschlafen vermischen sich die Schnappschüsse von der vollgekackten Kleiner-Wohnung, die sich in seine Schläfenlappen eingebrannt haben, mit den harten Griffen jener Nacht an sein Gesäß. Die Erschöpfung spült in Karsten eine Art Heimweh hoch, vielleicht auch Fernweh. Das Amt strengt ihn an, er will einfach nur noch weg. Raschke, feinfühliger, als er bisher dachte, fordert ihn auf, Überstunden abzugleiten und über ein verlängertes Wochenende nach Hause zu fahren. Der Typ, den er über die Mitfahrzentrale auftut, rast in einem frisierten Golf mit aufgedrehter Stereoanlage heim zu Mami und Papi. Karsten ist froh, dass er nicht reden muss.

Er hängt trübsinnig am Küchentisch herum und weckt den Brutinstinkt seiner Mutter. Ob er nicht was essen wolle? »Guck mal, ich hab sogar Maultaschen beim Metzger geholt.« Aber auch das ist ihm lästig, und er legt sich in sein Bett und starrt an die Decke.

Am Freitag macht er den versprochenen Besuch bei Hadschi und Gesine und ihrem schreienden Balg. »Samuel heißt er, isch der nicht goldig?« Ein leichtes Ziehen signalisiert ihm, dass die Nabelschnur, die ihn an seine Jugend gekettet hat, zu reißen beginnt. Ihre Wohnung ist ihm fremd, der Teppichboden, die akustische Raumüberwachung (»Damit wir hören, wenn der Samy schreit«), beide haben mit dem Rauchen aufgehört. Später klingelt es und Nico steht mit ihrem Köter vor der Tür, schlägt ihm vor, eine Runde durch das Kaff zu drehen. Woher weiß sie, dass er hier ist?

Nico bittet ihn, erst einmal zuzuhören. So könne sie nicht weiterleben. Warum er auf ihre Briefe nicht reagiert habe? Sich nicht gemeldet habe? So lasse sie nicht mit sich umspringen.

Karsten druckst herum. Dass etwas schief läuft, hat Nico kapiert, soweit war seine feige Tour ganz effektiv. Sie kaufen in einer Wirtschaft zwei Flaschen Wein und landen, Karsten merkt es reichlich spät, auf der Wiese mit den Apfelbäumen, auf der alles anfing. Er findet aus seinem Trübsinn nicht heraus. Er redet einsilbig, also will Nico Körperkontakt. Er sträubt sich. Sie schmollt. Man einigt sich schließlich auf die bewährte Bauchlage: Nico legt ihren Kopf auf seinen Bauch, und jeder redet in eine andere Richtung. Man könnte das, schießt es Karsten durch den Kopf, im Pausenraum als neue Therapiemethode vorschlagen. Wer oben und wer unten liegt, Analytiker oder Patient, wäre allerdings noch zu klären.

Nico lässt sich einige Minuten mit seinen Storys aus dem Amt abspeisen. Dann fängt sie wieder an zu zetern und will, wenn denn nun alles vorbei sei, wenigstens eine Erklärung. Er fängt mit Boris an, da wird sie sauer. Die erste Flasche haben sie schon fast geleert und langsam bricht in Karsten der mühsam gehaltene Damm. Wenn sie es wissen wolle, dann müsse sie schon die ganze Geschichte ertragen, und die fange nicht mit Boris an, sondern mit Ronnie und höre auch nicht besonders ergiebig auf.

Sie liegen also ziemlich lange und sind am Schluss besoffen. Trotzdem kriegt Karsten noch mit, wie die magische Kraft des Zuhörens, oder des Erzählens, ist auch egal, sein eigenes Durcheinander ordnet. Sie schwören sich ewige Freundschaft, Nico erhält ein lebenslanges Abo für Bauchlage, und Karsten übt ausgiebig, das Wort »schwul« beiläufig daherzureden.

Sie treffen sich am Samstag noch mal. Karsten freut sich zwar auf Nico, aber er denkt an die Briefe, die man nie abschickt, wenn man sie am nächsten Morgen noch einmal liest. Aber er schreibt keine Briefe, hat nie welche geschrieben. Hätte er doch nur die Klappe gehalten. Vielleicht hat Nico eine Totalamnesie, und man kann so tun, als wäre alles beim Alten? Er hat Angst vor der Einsamkeit, die jetzt unweigerlich auf ihn zukommen wird.

Nico kommt zu der Erkenntnis, dass Karsten ihr einfach fehlt mit seinem Bauch und sie vielleicht gar nicht so doll verliebt, aber allein ist und Angst hat vor den nächsten Jahren und dem Volontariat in Afrika.

Karsten wundert sich über Nicos Abgeklärtheit und lobt sie heftig: »Du bist einfach toll, Nico. Mit dir kann man über alles reden – sogar darüber!« Sie trösten sich gegenseitig, kaufen aber keinen Wein mehr.

Am Sonntag, als die ganze Familie beim geheiligten Sauerbraten mit Spätzle sitzt, klingelt es Sturm. Karstens Mutter öffnet die Tür und Nico rennt an ihr vorbei, die Treppe hoch. Karsten lässt den vollen Teller stehen und folgt ihr in sein Zimmer. Nico hat sich auf sein Bett geschmissen, als er sie berührt, stößt sie ihn weg und kauert sich zusammen. Sie zittert. Sie fühle sich missbraucht. In den Schmutz gezogen. Warum habe er sie bloß jemals angefasst? Um sie zu verarschen? Dass er ihr überhaupt noch in die Augen sehen könne. Sie brüllt ihn an, sie heult, sie schweigt. Sie grapscht nach seinen CDs und donnert sie gegen die Wand, in Johnny Depps warmes Lächeln.

Karsten erschrickt und ist erleichtert. Endlich eine Reaktion, die er einordnen kann. Er lässt Nicos Wut einfach laufen und strengt sich an, sie ernst zu nehmen. Wie in seinem Praktikum. Wie im wirklichen Leben. Er hat Nico von seinem geistigen Schoß genommen, sich gegenübergesetzt und betrachtet sie mit liebevollen Augen. Er hat verdammt viel gelernt in diesem Amt mit diesen ewigen Fragereien: Woher kommt dieser Schmerz, diese Wut? Wie dicht liegen Stolz und Tod beieinander oder Hass und Ohnmacht. Szepanske fällt ihm ein, die ihre Katze tötete, um sie dem Geliebten zu schikken. Er hockt den ganzen Nachmittag an Nicos Seite, lässt sich treten und beißen und nimmt sie in den Arm. Sie schlafen beide ein, nacheinander. Er wacht mit der Dämmerung wieder auf. Er denkt alles noch einmal von vorne bis hinten, das Amt und die Paarung und den lauernden Tod. Und die

Angst schmeckt kalt und stumpf wie Kreide. Am Morgen hält er sich an Nico fest und murmelt das alte Mandala. Und erschrickt. Die Worte eines schwäbischen Kinderreims, mit dem ihn seine Oma in kehligem Singsang geschaukelt und besänftigt hat, sind in seinem Hirnkasten hochgestiegen. Auf ihren Sinn hat er nie geachtet:

Sitzt a Engele an der Wand, hat a Gackele* in der Hand.
Mecht's gern essa, hat kein Messer,
kommt a Messerle oben rab, haut dem Engele's Ärmle ab.
D'Magd rennt zum Barbier.
S'isch keiner z'Haus als Katz und Maus.
D'Katz kehrt d'Stub aus, d'Maus trägt den Dreck raus.
Sitzt a Käterle auf dem Dach, hat sich halber kropfig g'lacht.

Wie grausam! Und trotzdem beruhigt ihn, dass die Gier und das Unheil und hämisches Gelächter schon so früh an seiner Seite waren. Hunger, Schicksal, banaler Alltag und Schadenfreude können ihn nicht erschrecken. Er ist gewappnet. Er ist härter, als er aussieht. Er hat jetzt Stiefel an.

---

* Gackele ist schwäbisch: Ei.

Abwimmeln, absichern

Auf der Rückfahrt, diesmal in einer voll besetzten Klapperkiste mit Studenten, die Berlin unsicher machen wollen, kommt er ins Erzählen. Er redet sich regelrecht in Rage und ist nach zwei Stunden ganz aufgewühlt von seinen eigenen Weisheiten. Die Typen verstehen nur Bahnhof, sind luftdicht eingeschweißt in ihre kleine Welt aus Computern, Internet und »Bei welcher Firma muss ich ein Praktikum machen, damit ich einen besonders lukrativen Job ergattere«. Alle studieren irgendwas Technisches oder Wirtschaftliches und versuchen, die Angst vor der bevorstehenden Arbeitslosigkeit zu überspielen. »Das bewegt sich doch alles immer nur an der Oberfläche rum, was wir so machen, was wir an der Uni lernen, in der Freizeit«, schreit Karsten gegen die Fahrgeräusche. »Ich habe mir auch nie Gedanken darüber gemacht, welches Schwein ich hatte, halbwegs normal zu sein. Halbwegs normal aufzuwachsen. Einen Vater und eine Mutter zu haben, die zur richtigen Zeit das Richtige tun, Freunde zu haben, Kumpels, eine Freundin. Aber neben der Hauptstraße, auf der wir langrasen, gibt es ein Schottergelände und daneben Morast oder einen wilden Dschungel oder was auch immer.«

Weil die Studis ihn immer noch verständnislos anglotzen, erzählt er ihnen in der Raststätte ein paar Geschichten aus dem Amt, und weil Karsten allein ist, kann er ordentlich übertreiben. Bevor ihn die anderen für einen abgedrehten Psychospinner halten, erzählt er auch noch von Herrn Kleiner und der ganzen Entmüllungs-Arie. »Ich glaube, das ist es gerade, was mich so fasziniert. Auf der einen Seite wühlt man in Gefühlen rum und Lebensgeschichten und begegnet Leuten, die sind total abgefahren. So irre, das hat uns von den Dozenten keiner so richtig erzählt. Und auf der anderen Seite machst du dein Handwerk, kümmerst dich um Geld, Essen, Arsch abwischen, Fenster putzen, Sterben und Tod. Das ist so breit« – Karsten streckt die Arme so weit auseinander, dass die Typen links und rechts von ihm nervös zur Seite rutschen –, »das ist so breit, dass du es manchmal gar nicht fassen kannst. Eigentlich wie im Kino, nur dass man sogar noch Geld dafür kriegt.«

Als sie weiterfahren, wird gezielt das Thema gewechselt und Karsten merkt, dass er die anderen nervt. Egal. Er redet unhörbar weiter und weiter, richtet still und leise eine Predigt an sich selbst, die sich gewaschen hat. Er strampelt in seinen Gedankenströmen herum, wird mal hierhin, mal dorthin getrieben. Wie feige es war, sich nicht bei Nico zu melden, eigentlich eine richtige Männerkiste, die er da abgezogen hat. Dass sie es war, die den Abschied provoziert hat, die ihn gezwungen hat, sich zu entscheiden. Jetzt fährt er zum ersten Mal wirklich weg. Und er landet wieder bei den vollgestopften letzten Monaten. Einen ganz kurzen Gedanken verschwendet er an die Zeit danach, nach dem Praktikum, aber der stumpfe Kreidegeschmack scheucht ihn schnell wieder weiter. Die Fahrt von Esslingen dauert auf der überfüllten Autobahn sieben Stunden – sechs Stunden davon liegt Karsten bei sich selbst auf der Couch. Er wird sich eine gesalzene Rechnung schreiben.

Als er die ungelüftete Wohnung betritt, ist ihm sofort klar, dass etwas nicht stimmt. Es ist zu ruhig, zu feucht, ein leichter Lavendelgeruch liegt in der Luft. Vielleicht ist Claudia endlich mal wieder weggegangen, wurde ja auch Zeit. Die Badezimmertür ist verriegelt, Karsten klopft. Er presst sein Ohr gegen die Tür, hört aber nur den eigenen Herzschlag. Er hämmert und bollert so fest, wie er es in den letzten Wochen gelernt hat. »Claudia, mach auf. Ich mach mir Sorgen. Wenn du nicht gleich aufmachst, breche ich die Tür auf.« Jetzt hört er Geplätscher, Claudia scheint aus der Wanne zu steigen, er hört ihre Stimme und das Geräusch des Riegels. Bedudelt, bedröhnt, beballert wankt Claudia auf ihn zu, wirft sich an seinen Hals und schluchzt. Er führt sie zu ihrem Bett. Er deckt sie zu. Sie verlangt, dass er bei ihr sitzen bleibt. Ihre Hand hält. Ihr zuhört. Sie habe Angst, alleine zu sein. Warum er so lange weggeblieben sei. Sie wolle nicht mehr leben, es habe alles keinen Sinn mehr.

Als sie eingeschlafen ist, lässt Karsten das Wasser ablaufen, hängt die Handtücher auf. Neben der Wanne findet er ein paar Tablettenröhrchen, voll, halb voll, leer. Entsetzen packt ihn, er rast zu Claudias Bett, fühlt die Stirn und den Puls, merkt aber, dass dies völlig sinnlos ist. Er hat keine Ahnung. Er rennt hektisch hin und her, ratlos, völlig von Sinnen. Er gibt sich einen Ruck, befiehlt sich selbst, klar zu denken. Wer ist eigentlich in Berlin für Notfälle zuständig? Er braucht einen Krankenwagen. Er ruft die Polizei an, wird an die Feuerwehr verwiesen, gibt knapp und sachlich alle Informationen durch: Vermuteter Selbstmordversuch, durch Tabletteneinnahme, er liest die Medikamentennamen vor. Name, Adresse. Er legt auf. Er rennt wieder hin und her, rauft sich die Haare, geht zurück zu Claudia, die ihm immer blasser vorkommt. Aber er hat keine Ahnung, wie Claudia im Schlaf aussieht.

Der Notarzt kommt mit seinem Koffer, die Assistenten nehmen die Röhrchen in die Hand. »Wann hat sie das Zeug genommen?« Karsten weiß es nicht.

Die Pupillen werden geprüft, der Puls. »Scheint vor allem Alkohol konsumiert zu haben«, meint der Notarzt. »Wir nehmen sie sicherheitshalber mit, zum Magenauspumpen, scheint aber keine vitale Gefährdung vorzuliegen. Kommen Sie mit?« Karsten nickt.

Als Claudia von den Assistenten auf die Trage gehoben wird, fängt sie an, sich zu wehren. »Ich will nicht ins Krankenhaus. Ich will schlafen. Ich will meine Ruhe.« Resolut wird sie beschwichtigt, durchs Treppenhaus getragen, wo inzwischen einige Türen aufgegangen sind. Karsten schämt sich entsetzlich, der riesige rote Wagen vor der Tür ist ihm peinlich. Vielleicht hätte er doch nicht anrufen sollen.

Im Auguste-Viktoria-Krankenhaus geht alles ganz schnell. Claudia wird bis zum Morgen beobachtet, dann kann sie wahrscheinlich nach Hause. Es sieht ganz so aus, als habe sie nur ihre übliche Mischung – Valium und Alkohol – intus gehabt. Karsten bekämpft die hochsteigende Wut mit einem Fußmarsch zur Wohnung und kommt an einigen Clubs vorbei, die ihm bekannt vorkommen, ihn heute aber nicht interessieren.

Wie versprochen besucht er Boris in der Klinik. In seiner Ratlosigkeit bietet Karsten ihm an, ihn zu der Ambulanz-Gruppe zu begleiten, an die Boris sich schon einmal gewöhnen soll. Jeden Mittwoch wird entweder gespielt, Halma, Canasta oder Monopoly, oder man fährt – wie heute – gemeinsam in die Stadt. Karsten würde sich gerne mit der Sozialarbeiterin oder dem Krankenpfleger unterhalten, fühlt sich aber Boris gegenüber verpflichtet. So wandert er ständig hin und her, misstrauisch von Boris stumpfen schwarzen Augen verfolgt. Bei einer Fahrt zur Jahrhundertbaustelle am Potsdamer Platz in der S-Bahn überfällt Karsten ein jähes Déjà-vu. Erleichtert fällt ihm ein, dass ihn die Szene an einen albernen amerikanischen Kinofilm erinnert, *Das Dream-Team*. Da macht eine Gruppe von Klinikpatienten mit ihren Therapeuten einen Ausflug zu einem Basketballspiel, und man weiß nie, wer wer ist – Therapeut oder Patient. Später hauen alle ab und werden in einen Kriminalfall verwickelt. Das kann ja heiter werden.

Sie trotten alle, benommen von der Hitze, an den Bauzäunen entlang und besteigen die Info-Box. Sie versuchen die Kräne zu zählen, die starren und die nickenden, und können es nicht fassen. Ein hagerer älterer Patient mit Aktentasche erklärt Karsten jeden Rohbau und wirft mit Zahlen um sich wie mit Konfetti. Er trägt einen vornehmen Anzug, erst bei näherer Betrachtung sind die ausgefransten Kanten zu sehen. Die anderen kommen dazu, die Sozialarbeiterin stellt ein paar Fragen. Hanauer, so heißt der Patient, doziert so überzeugend, dass schon nach wenigen Minuten ein ganzer Touristenpulk an seinen Lippen hängt. Hoffentlich, denkt Karsten, war das nicht alles gesponnen. Wäre aber auch ganz witzig.

Bei der Rückfahrt sind alle ein bisschen aufgedreht; eine unsäglich dicke Frau ohne Gebiss haut sich dauernd wiehernd auf die Schenkel, ein junger Hagerer mit dicken Brillengläsern fragt Karsten mindestens fünfmal, welche Medikamente er nehme. Herr Hanauer steht am Fenster und gibt weiter wie aufgezogen seine Kommentare ab, nur hört ihm jetzt keiner mehr zu. Er hat alle Broschüren in seine Aktentasche gerafft, die umsonst zu kriegen waren. Karsten hat den Verdacht, dass er wirklich Ahnung hat. Als sie am Zoo in die U-Bahn umsteigen, setzt sich Karsten ab. Er schüttelt Boris noch mal kräftig die Hand und haut ihm auf die Schulter: »Alles klar, Alter?« – »Alles klar, Schäfer.« Karsten hat eine Unruhe und weiß nicht, wohin damit.

Am Bahnhof und am Zoo vorbei überquert er den Landwehrkanal; im »Schleusenkrug« sind alle Gartenstühle belegt. Er folgt den Wegen in den Tiergarten hinein, wo die ersten Schwulen – es ist ja noch lange hell – in Ledershorts ihre Kreise ziehen. Er wirft Blicke, um sich abzuhärten, sich zu gewöhnen. Er überquert den Großen Stern, entdeckt am Horizont das angestrahlte Brandenburger Tor unter einem unnatürlich rosa schimmernden Großstadthimmel. Er fühlt sich unwohl und wählt den schnellen, geraden Weg zurück, über den 17. Juni. Prostituierte locken »Na, wie wär's« mit nah- und fernöstlichem Akzent, meckern ihm hinterher. In der U-Bahn fällt sein Blick auf sein eigenes Spiegelbild gegenüber, lässt es nicht los. Auch in den Schaufensterscheiben prüft er seine Silhouette, seufzt und glotzt. Er zieht die Schultern hoch, fährt sich über den Kopf.

Einige Tage später kauft sich Karsten ein paar jener breiten, silbrig-hellen Ringe, die ihm an den Händen der schö-

nen Jungs in die Augen stechen. Nun zieht es seinen Blick nach unten, auf die eigenen Finger und auf die doppelt gebundenen Schleifen seiner Dockers.
Anfang Juli besucht er Kleiner in seiner frisch renovierten Wohnung. Frau Raschke hat ihm eine Topfpflanze mitgegeben, als Geschenk zur Einweihung. Unbeholfen stellt Kleiner den Efeu auf den Couchtisch aus Marmor, den er schon im Spendenkeller bewundert hat. Kleiner und Karsten warten auf die Hauspflegerin einer kleinen Privatfirma, ein bisschen billiger als die Sozialstationen und spezialisiert auf etwas schwierige Kandidaten, wie sie sich am Telefon ausdrückte. Die Pflegeversicherung hat den kleinen unkonventionellen Pflegeteams das Wasser abgegraben. Früher, als das Sozialamt fast einziger Kostenträger war, da waren sie alle gleich. Jetzt sahnen die ab, die einen Vertrag mit der Pflegekasse haben, die anderen versuchen mit Dumpingpreisen zu überleben. Karsten hat schon einige dieser hartgesottenen Männer und Frauen kennen gelernt: Sozialarbeiter und Pfleger, Hausfrauen und Krankenschwestern, die sich nach langen Klinikjahren kreativ den eigenen Arbeitsplatz aufgebaut haben. Nun sind sie froh über jeden Klienten, den ihnen der Sozialpsychiatrische Dienst zuschustert. Viola, wie sie sich vorstellt, ist etwas derb, aber herzlich. Sie trinkt hastig den Kaffee, den Herr Kleiner mit Pulver in den frisch gekauften Tassen vorbereitet hat. Sie sieht sich in der Wohnung um, stellt einige Fragen. »Zweimal die Woche, zwei Stunden. Und wir bleiben in Kontakt«, bestätigt sie noch einmal an der Tür. Er bleibt mit Kleiner noch einen Moment sitzen, lobt die saubere Wohnung, versucht eine optimistische Stimmung zu verbreiten. Er spürt, dass es Zeit wird abzuhauen. Kleiner muss die Wohnung noch auf seine Weise einweihen.

Karsten wird ein fast fanatischer Hausbesucher. Frau Raschke schickt ihn häufig los, froh, im Amt keine der Gerüchtewogen zu verpassen. Kleine Dramen scheinen sich in der Supervision abzuspielen, zu der Karsten als Praktikant nicht zugelassen wird. Seine Phantasie läuft heiß, er stellt sich vor, wie Yvonnes Wimperntusche von Tränen weggeschwemmt wird oder Raschke und die Wölffin die Augen verdrehen.

Bei den Hausbesuchen beforscht er die Wohnungen, befragt ihre Gerüche und entziffert die geheimen Signaturen. Bei der alten paranoiden Frau Stoppek staunt er über die gespenstische Leere und Sauberkeit und die Alufolie, die über Steckdosen und Lampen gepresst ist. »Sehen Sie das, das hier wurde auch angestrahlt!«, meint sie triumphierend und kratzt mit dem Fingernagel ein paar Spuren in das Holz ihres alten Kleiderschranks. Er versucht ihr klarzumachen, dass sie die Beweise, die sie ihm demonstriert, gerade selbst erzeugt hat, gibt aber rasch wieder auf. Raschke hatte ihm noch schnell auf den Weg mitgegeben, dass er alles einfühlsam anhören, aber nicht argumentieren oder bestätigen solle. Beinahe hätte er es vergessen. Das aufgeregte Blitzen in Frau Stoppeks Augen, mit dem sie ihm ihre Sender-Theorie referiert, verblasst rasch, als er nur noch brav sein »Ja, mhm, das muss ja schlimm für Sie sein« herunterbetet. Noch einmal bittet sie ihn inständig, doch nachts einmal zu kommen, dann werde er schon sehen, sie bezahle ihm die Überstunden auch. »Es soll Ihr Schaden nicht sein, junger Mann.« Er bedankt sich höflich und meint, das gehe leider nicht.

Bei Grünthal überprüft er die Spuren der kostbaren Hauspflege, wirft einen Blick in die Pflegedokumentation (Einkaufen, kleine Mahlzeit, erweiterte Morgentoilette, psychosoziale Betreuung) und findet alles bestens. Raschkes kleinliche Hausfrauen-Fragen kann er hinterher nicht beantworten: »War die Toilette sauber? Sind die Nägel geschnitten? War das Kühlfach vereist?« Ihn hat der Gleichmut beeindruckt, mit dem der alte Grünthal in seinem Sessel sitzt und sein Taschentuch faltet, auseinander breitet, faltet.

Mit Boris Salowski ist er schon dreimal zu seiner Wohnung in der Schillerstraße gefahren, den weiten Weg von der Klinik im Bus, mühsam Gesprächsthemen suchend. Die kleine Hinterhauswohnung, die ihm seine Mutter angemietet hat, stinkt nach Schwarzer Krauser, den er unentwegt zu Zigaretten rollt. Ein hübscher kleiner Sessel steht neben einer abgewetzten Matratze, beziehungslos liegt eine leere Schublade im Flur, eine Schreibmaschine, ein kaputtes Faxgerät, eine Computertastatur.

Beim ersten Besuch haben sie nur den Müll zusammengesucht, beim zweiten und dritten Ausgang geputzt und geräumt. Karsten macht Vorschläge, wie alles sinnvoller und wohnlicher platziert werden könnte. Boris zuckt mit den Schultern und lässt beinahe alles geschehen. Bei einigen Details wehrt er sich und duldet keine Diskussion. Ein zerfetztes Plakat mit dem Terminator muss hängen bleiben, auch einige Kleidungsstücke, die Karsten wegwerfen will, reißt er ihm aus der Hand. Den Elektroschrott darf er nicht anrühren.

Boris Mutter ruft mindestens einmal in der Woche bei Karsten an und quetscht ihn aus. Die Ärzte in der Klinik hätten ihr verboten, die Wohnung in Karstens Abwesenheit in Ordnung zu bringen. Sie schäme sich so für ihn. Man habe ihr überhaupt geraten, ihn in Ruhe zu lassen, das müsse man sich mal vorstellen, das eigene Kind! Wenigstens in der Angehörigengruppe, die die Ambulanz neuerdings anbietet, finde sie Verständnis und Rückhalt. Wenn auch ihr Boris so viel schwieriger sei als die anderen Söhne, Töchter oder Ehepartner.

Zur Vorbereitung der Entlassung findet eine Helferkonferenz in der Klinik statt. In dem viel zu kleinen Arztzimmer drängeln sich sieben Leute, mit Karsten sind es acht. Karsten zählt zweimal nach, weil er es nicht fassen kann. Er hat sein Ringbuch dabei und schreibt mit. Yvonne Berger-Odenthal als behandelnde Ärztin schildert noch einmal, wie es zur Einweisung kam und wie sich Boris Gespanntheit unter der zwangsweise gegebenen Medikation rasch besserte. Die juristische Betreuung, die man wegen der Medikation beantragte, umfasst nun doch auch die Bereiche Wohnungsangelegenheiten, Vermögen und Aufenthalt zur Heilbehandlung. Es sei besser so. Der frisch bestallte Amtsbetreuer, Meinhold, ist auch gekommen. Durch seine direkte, fast unverschämte Ausdrucksweise erinnert er Karsten an einen Polizisten oder, eher noch, an das Amt. Ganz im Gegensatz zu den zwei jungen Mitarbeiterinnen von Schwertfisch, die lange vorsichtige Sätze wie Girlanden zwischen sich hin- und herschwingen. »Es war ja schon in der WG, in der ich Herrn Salowski betreut habe, ein Problem, in ihm ein Mindestmaß an Kooperationsbereitschaft zu wecken. Wir haben immer wieder versucht, in gemeinsamen Gesprächen die Gründe für sein ablehnendes Verhalten herauszuarbeiten. Aber alle Beziehungsangebote wurden von ihm abgeblockt, so dass wir schließlich kündigen mussten, weil er seinen Teil des geschlossenen Betreuungsvertrags partout nicht einhalten konnte oder wollte, das will ich hier nicht entscheiden. Vielleicht kannst du noch was ergänzen, Clarissa.«

»Wie Judith schon sagte, hat der Verein damals die Betreuung nach zahlreichen gescheiterten Absprachen beendet, und Herr Salowski musste sein Zimmer in der WG räumen. Wir wären aber bereit, ihn in der eigenen Wohnung unter ganz bestimmten Konditionen wieder zu betreuen, müssten hier aber zunächst die Bedingungen gemeinsam erarbeiten, wobei wir sehr darum bitten würden, dass auch Herr Salowski an diesem für ihn so wichtigen Gespräch teilnimmt.«

Die Sozialarbeiterin aus der Ambulanz nickt, der Amtsbetreuer brummt vor sich hin: »Dann aber'n bisschen hinne. Ick hock hier doch nich ewig rum.«

Stationspfleger Lüttich will schon aufstehen und Boris holen, als die Psychologin der Abteilung noch einmal um Geduld bittet. »Ich bin mir nicht sicher, ob Boris Salowski einer solchen Situation gewachsen ist. Stellen Sie sich bitte vor, Sie müssten in so einer großen Runde sitzen und zuhören, wie über Sie geredet wird. Wir sollten es kurz machen und uns auf die wirklich notwendigen praktischen Absprachen beschränken. Keine Vorhaltungen bitte, sondern eine konstruktive Planung!«

Karsten ist fasziniert von der atmosphärischen Veränderung, die die wenigen Worte der unscheinbaren burschikosen Frau in der Runde verursacht haben. Und wie sie es gesagt hat! Alle geben sich einen Ruck. Nur Meinhold stöhnt etwas skeptisch und meint, er müsse mal kurz telefonieren.

Stationspfleger Lüttich kommt mit Boris zurück, dessen Haare gewachsen sind und endlich wieder eine Spur aufmüpfig in die Luft ragen. Sein Blick ist etwas klarer, doch sein Gesicht immer noch aufgeschwemmt von den Neuroleptika.

Ganz selbstverständlich übernimmt die Psychologin die Moderation. »Guten Tag, Herr Salowski. Sie wissen ja, dass wir uns heute hier treffen, um Ihre Entlassung zu besprechen. Wohin möchten Sie sich setzen?« Boris Augen wandern unsicher im Raum herum, bleiben an Karsten hängen, der nickt ihm aufmunternd zu. Boris lächelt und quetscht sich neben Karsten auf die Untersuchungsliege, auf der alle sitzen, die keinen Stuhl abbekommen haben. Karsten drückt ihm noch schnell die Hand, dann fährt die Psychologin fort: »Herrn Schäfer vom Sozialpsychiatrischen Dienst kennen Sie ja, wie ich sehe. Das ist Herr Meinhold, Ihr Betreuer von der Betreuungsbehörde. Frau Boll von der Ambulanz kennen Sie schon, die beiden Sozialarbeiterinnen vom Schwertfisch kennen Sie ebenfalls, ja, ich denke, wir können anfangen.«

Punkt für Punkt werden nun die nächsten Schritte geplant, Boris' Lebensumstände werden minutiös abgefragt. Immer wenn es gar zu inquisitorisch wird, hakt die Psychologin ein, achtet auf Boris Reaktionen, unterstützt ihn, lässt ihn zu Wort kommen. Karsten fängt an, in Boris' Haut zu schlüpfen, seine Rolle zu übernehmen. Weil er direkt neben ihm sitzt? Weil die Psychologin, wenn sie Boris anschaut, auch seine Augen trifft? Weil er so alt wie Boris ist, weil er noch – fast – kein

Profi ist? Karsten fühlt sich bewegungsunfähig, geknebelt und gefesselt. Kann man das machen? Kann man Boris vorschreiben, dass er sein Geld bei Meinhold nur bekommt, wenn er sich in der Ambulanz die Spritze abgeholt hat? Dass er von Schwertfisch nur betreut wird, wenn er einen Wohnungsschlüssel hinterlegt und seine Spritze abholt? Immer wieder fliegt das Wort »Tagesstruktur« durch die Runde. Was er denn den ganzen Tag tun wolle? Ihm werde schon was einfallen, Freunde besuchen oder so. Yvonne Berger-Odenthal fordert ihn auf, die Arbeitstherapie der Klinik weiter ambulant aufzusuchen. Karsten erinnert sich an Boris' gelangweiltes »Weiß ich nich. Aschenbecher kneten. Papierkörbe flechten. Stecker stecken«. Boris zuckt mit den Schultern: »Wenn es unbedingt sein muss«, und gibt klein bei.

Während die ganze Helferkonferenz noch beisammensteht und Infos austauscht, begleitet Karsten Boris in die Cafeteria. Das letzte Mal, denkt Karsten, nächste Woche wird Boris entlassen. Sie schimpfen gemeinsam auf die Therapeuten, als hätte es geklingelt und die Schule wäre aus. Karsten mokiert sich über Meinhold und Boris über Judith und Clarissa von Schwertfisch. Karsten fällt zwischendurch ein, dass er auf der falschen Seite ist, und merkt, dass Boris ihn genau in diesem Moment skeptisch beobachtet. Kaum sind die Medikamente reduziert, fängt Boris schon wieder an mit seiner Gedankenleserei. Ob man Karsten trauen kann? Das fragt sich Karsten gerade auch.

Klüppel wird 40 und alle sind eingeladen. Und gekommen. Karsten ist froh über die Ablenkung. Jeden Abend schließt sich Claudia in ihr Zimmer ein oder vertreibt ihn mit ihrem vorwurfsvollen Gesicht aus der Küche. Geredet haben sie nicht seit dem ausgepumpten Magen, und Karsten wüsste auch gar nicht, was zu sagen wäre.

In Klüppels geräumiger Altbauwohnung am Rüdesheimer Platz stehen die schick gemachten Damen mit riesigen Sträußen. Thomalla übergibt eine bibliophile Ausgabe von Fontanes Wanderungen durch die Mark Brandenburg, ja, die hatte er sich immer insgeheim gewünscht. Später, als sie alle den ersten Prosecco gekippt haben, erzählt die Wölffin – »Die kann auch nichts für sich behalten« –, wie sie wochenlang über sein Geburtstagsgeschenk und vor allem die erforderliche Geldsumme gestritten haben. Und was man ihm alles schenken wollte: einen Hometrainer (zu teuer) oder ein Abo fürs Theater (zu affig).

Ein freundlicher, fast kahlköpfiger Mann macht sich in der Küche zu schaffen und Klüppel fasst Karsten an der Schulter und zieht ihn dorthin: »Komm, ich stelle dir meinen Lebensgefährten vor. Rü – das ist Karsten. Karsten – das ist Rüdiger.« Klüppel zeigt ihm die ganze Wohnung, eine typische Berliner Altbauwohnung, wie er meint, aber so eine hat Karsten bei seinen Hausbesuchen noch nicht gesehen. Klüppels Zimmer mit massig Büchern und jeder Menge exotischem Krimskrams von seinen vielen Reisen. »Als Ossi hatte ich einen Nachholebedarf, wie man so schön sagt. Das hat sich inzwischen gelegt.« Rüdigers Zimmer, oder Rüs Zimmer, wie Klüppel sagt, mit korrektem Bauhaus-Mobiliar, Alu, Glas und edlem Holz. Ein großer Zeichentisch, ein Computer, Metallschränke mit Schubladen. »Rü ist Architekt, im Moment aber arbeitslos.« Sogar ein Gästezimmer gibt es, dort steht der Wäscheständer neben dem Hometrainer, haha. Der große Raum, in dem sie jetzt sitzen und feiern, ist mit Couchgarnitur und großem Esstisch direkt aus einem amerikanischen Spielfilm, Yuppies in New York oder so, herausgefallen. Karsten hat den Lebensgefährten noch nicht ganz verdaut. So ein glänzendes Ambiente, so viel Selbstverständlichkeit. Er beißt sich auf die Lippen. Er setzt sich zu den anderen, holt sich von den Yuppie-Vorspeisen (Sushi, Antipasti) und beobachtet den Rest des Abends Klüppel und Rü, verstohlen und neidisch.

Sie kommen ins Erzählen, Geschichten und Skandälchen von früher. Was hat das Amt nicht alles schon erlebt? Vor

Jahren ist ein junger hübscher Kollege mal selbst verrückt geworden, schwul übrigens, und ist mit einer besonders nervigen alten Klientin zusammengezogen. Fühlte sich schuldig, wollte Buße tun, und wurde von den Kollegen in einer subversiven Aktion in die Klinik geschleift. Karsten gruselt es, und der flapsige Ton der Frauen weicht einer tragischen Wärme. »Das war schon eine furchtbare Geschichte. Da kann man mal sehen, wie schmal der Grat ist, auf dem wir uns alle bewegen.« Schnell heben sie die abrutschende Stimmung mit Erinnerungen an die vielen Praktikanten und was aus ihnen so geworden ist. Bei manchen ging es ganz steil nach oben, andere sind regelrecht zerschellt. Wie der junge Arzt, der Aids hatte und sich umbrachte, oder andere, die wegen Suff oder Krebs viel zu früh die Kurve kratzten. Raschke erzählt lieber von ein paar besonders schrulligen Klienten und da kann auch Karsten was beisteuern, über Friedhelm oder Marenko.

Rü sitzt auf der Couch, Klüppel zwischen seinen Beinen auf dem Boden, seine Hände zupfen ganz beiläufig an Rüs Hosenbeinen herum. Karsten versucht, nicht hinzugucken, sein Blick hakt sich trotzdem immer wieder fest.

Mit steigendem Alkoholpegel wird Yvonne Berger-Odenthal theatralisch, fast ein bisschen hysterisch, so dass sich die Blicke der Matronen treffen, aber als sie Karsten verschwörerisch miteinbeziehen wollen, dreht er sich weg. Eigentlich wollen alle schon heimgehen, als die Wölffin mit ihrem Lieblingsthema noch einen gewaltigen Tumult entfacht. »Alles Quatsch mit diesem Psychotherapiegelaber, was habe ich mir im Lauf der Jahre nicht schon alles angehört. Transaktionsanalyse, Gestalt, Verhaltenstherapie, Biofeedback, katathymes Bilderleben und am schlimmsten ist diese ganze Mischpoke von Analytikern, ganz egal ob Abraham oder Freud oder C.G. Jung. Dass die Kassen diesen Blödsinn zum Teil auch noch finanzieren, auf unser aller Kosten, das setzt dem ganzen die Krone auf.«

Yvonne geht hoch wie eine Rakete, beschimpft die Wolff

als reaktionäre Biologistin und die ganze Arbeit im Amt als unreflektiertes Rumgewurschtel.

»Na prima. Jetzt ist es endlich raus. Wenn sich die Dame zu fein für uns ist, na bitte, dann wechseln Sie doch rüber zu Appenzell, diesem bornierten Oberguru. Da können Sie dann monatelang in irgendwelchen inzestuösen Kindheitstraumen rumwühlen, wenn die armen Patienten das überleben.« Einzelne Fachbegriffe zerdehnt die Wolff mit ihrer vom Alkohol narkotisierten Zunge so ausgiebig, dass Karsten Angst hat, sie kriegt die Kurve nicht mehr. Aber sie kommt immer glücklich ans Ende und verblüfft die ganze Mannschaft damit, wie souverän sie das gegnerische Vokabular beherrscht.

»Sie haben doch keine Ahnung, Frau Doktor Wolff! Bringen Sie sich mal auf den aktuellen Stand! Appenzell arbeitet jetzt myko-systemisch. Da wird nicht in Kindheitstraumen rumgewühlt, wie Sie so hübsch abwertend sagten. Da interessiert nur die aktuelle Konstellation, die Kommunikation, das verborgene Abhängigkeitsgeflecht. Ich fange gerade so eine Ausbildung in seinem Institut an!« Yvonne wirft die rote Mähne zurück.

Die Wölffin lacht laut auf und trampelt mit ihren Mokassins auf der Stelle. »Yvonne Berger-Odenthal und Appenzell hinter der Einwegscheibe. Ich fass es nicht. Der psychotische Patient ist nur der Symptomträger, und wenn ihm das Symptom zu schwer wird und er ein bisschen Amok läuft, dann darf die gute alte Psychiatrie wieder ran. Scharlatane. Ich bin enttäuscht, Frau Berger, sehr enttäuscht. Das war's ja dann wohl.« Sie rafft ihre Strickjacke, brüllt ein »Kommt noch jemand mit, ich gehe!« und sucht mit funkelnden Augen ihre Habseligkeiten im Flur zusammen. Noch beim Hinausgehen murmelt sie: »Zirkuläres Fragen, paradoxe Intervention ... so ein Schwachsinn.«

Sie sitzen wie vom Donner gerührt. Einige leeren noch rasch ihr Glas und verkrümeln sich: »Na ja. Für mich wird's auch langsam Zeit.« Der harte Kern bleibt sitzen und schweigt. Horst Klüppel fängt als Erster wieder an zu reden. »So ist sie halt, wir kennen sie ja. Aber ein bisschen kann ich ihre Reaktion auch verstehen. Sie schmeißt den Laden, ackert wie ein Pferd und jetzt willst du, Yvonne, auch noch zu Appenzell. Ich denke, das ist ihre Art, mit ihrer Gekränktheit fertig zu werden. Denk doch nur an die Supervision neulich! Mit mir macht sie es ja genauso oder mit Raschke. Dabei ist unser sozialer Ansatz, raus aus den Kliniken, an den Grundbedürfnissen ansetzen, doch eigentlich ihre Linie. Aber du solltest sie mal erleben, wenn sie was von Enthospitalisierung hört. Da flippt sie genauso aus. Aber jetzt lass uns mal Tacheles reden: Was ist denn nun mit Appenzell? Gehst du oder gehst du nicht? Wer kriegt die Tagesklinik? Meinst du wirklich, du kommst mit dem Schnösel klar? Der geht doch über Leichen, nur um seiner Karriere willen!«

Yvonne fängt an zu schlucken. »Das ist es ja. Ich weiß es selber nicht. Das ist ein ewiges Hin und Her. Erst hat er mir die Stelle versprochen, wenn ich in sein Ausbildungsinstitut einsteige, jetzt ist alles wieder unklar. Neulich war er ganz eisig am Telefon: Ich soll mich bewerben, der Vorstand entscheidet, ich soll mir nicht zu viel Hoffnungen machen. Ich fühl mich so verletzt von ihm, so verunsichert. Dabei spür ich genau: Das wäre das Richtige für mich. Das passt so haargenau zu der Phase, in der ich mich befinde. Jetzt ist was Neues dran, ich bin mir ganz sicher.«

Yvonne nimmt ein paar Schluck von ihrem Barolo, Klüppel geht verständnisvoll auf sie ein, als einziger scheint er noch nüchtern zu sein. Karsten dämmert, dass alles ein bisschen zu intim für ihn wird, und macht sich auf die Socken. Lange kann er mal wieder nicht einschlafen, weil Klüppels Hand unentwegt an Rüdigers Hosen zupft. Karsten haut ihm auf die Finger.

Friedhelm ist tot. Karsten war gar nicht aufgefallen, dass der rothaarige Hüne nicht mehr jeden Morgen ins Zimmer schlich, um über seine Haare zu streichen. Er hat ihn überhaupt nicht vermisst, keiner hat ihn vermisst. Friedhelms Mutter hat sich gewundert, dass er nicht wie sonst zum Mittagessen nach Hause gekommen ist. Dann kam auch schon der Anruf der Polizei. Er hatte sich von einem Hochhaus gestürzt.

Das Team ist ratlos. »Man steckt halt nicht drin«, ist der häufigste Kommentar. Hätte man irgendwas merken können? Gab es Vorzeichen? Karsten verwickelt Raschke in eine längere Diskussion, die ihm wenig Klarheit verschafft. »So ist das mit der Psychiatrie. Wir können alles Mögliche versuchen, aber ein Rest Eigendynamik bleibt. Vielleicht weiß Klüppel ein bisschen mehr, der war ja zuständig.« Karsten erwischt Klüppel in einer ruhigen Minute; er ist sichtlich erschüttert. »Ich geh heute Nachmittag mal zu der Mutter. Wenn du willst, kannst du mitkommen. Irgendwie hing der Friedhelm ja an dir, so auf seine Art.« Karsten liest sich vorher die erstaunlich dünne Akte durch, eigentlich sind es nur ein paar Blätter aus den siebziger Jahren. Friedhelm hatte einen schweren Verkehrsunfall als junger Mann. Nach zahlreichen Operationen konnte er zwar wieder gehen, das Sprachzentrum aber war schwer geschädigt. Eine Sozialarbeiterin, die inzwischen längst pensioniert ist, hatte einen ganz guten Kontakt zu ihm – so ist er zum Dauerbesucher im Amt geworden, eine der vielen skurrilen Gestalten, die immer wieder durch den Flur huschen oder im Wartezimmer die Zeit totschlagen.

Friedhelms Mutter ist eine sehr einfache, frühzeitig gealterte Frau. Sie hat den erdigen, rollenden Akzent ostpreußischer Flüchtlinge. Sie ist vollkommen verstört. »Die Nachbarin hat immer gesagt, er wär doch besser totgegangen bei dem Unfall damals. Wie kann man so etwas Grässliches sagen? Er war doch mein Leben. Ich hab alles verstanden, was er mir sagen wollte, auch wenn er nicht mehr richtig sprechen konnte. Erst mein Mann mit dem Magenkrebs und jetzt Friedhelm! Ich weiß gar nicht, wozu ich noch weiterleben soll.

Warum hat er das bloß gemacht? Warum? Sagen Sie es mir, Herr Klüppel, Sie müssen es doch wissen!« Sie zeigt Friedhelms Zimmer, sein Radio, seine Steifftiersammlung. »Hier hat er immer gesessen, Musik gehört und seine Viecher gestreichelt.« Sie sitzen noch lange am Küchentisch, Friedhelms Mutter klagt und schluchzt und Klüppel hält ihre Hand.

Klüppel schlägt hinterher vor, noch einen Kaffee trinken zu gehen. »Ich weiß nicht, mir ist gar nicht wohl«, meint er. »Die ist ernsthaft selbstmordgefährdet, und zwar absehbar. Nicht wie bei Friedhelm, wo ich wirklich nichts geahnt habe. Aber sollen wir die Frau deshalb einweisen, in die geschlossene Gerontopsychiatrie? Soll ich ihr das antun? Ich werd noch eine Nacht drüber schlafen.«

Karsten ist still. Die mitfühlende Art von Klüppel, sein Umgang mit der alten Frau ist ihm beinahe peinlich. Wie unterschiedlich die Menschen sind! Ihm fällt ein, dass das auch einer der Lehrsätze der Wölffin sein könnte. Regel Numero neun: Jeder Mensch ist anders! »Die Frau hat mich an meine Oma erinnert. Die wär jetzt zu ihrem Herrgott in die Kirche gegangen oder die Gemeindeschwester wäre vorbeigekommen. Aber so was gibt's hier in Berlin wohl nicht!«

Klüppel schlägt sich mit der Hand gegen die Stirn. »Mensch Karsten, das ist es. Ich werde nachher den Pfarrer von St. Epiphanien anrufen. Das ist wirklich eine gute Idee. Ich glaub, du hast das schon ganz gut erfasst. Dass man das eigene Leben benutzen muss wie einen Werkzeugkasten, um zugeschlagene Türen zu öffnen. Und deine Oma und ihre Kirche, das ist vielleicht der richtige Schlüssel.«

Karsten bestellt stolz noch einen Cappuccino. Er merkt gar nicht, wie Klüppel anfängt ihn auszuhorchen. Über sein eigenes, sein richtiges oder besser: sein falsches Leben. Er erzählt von Nico und von Claudia, und wie er so blöd war, die Feuerwehr zu rufen. Klüppel fragt nach, Karsten antwortet. »Mal ist sie ganz aufgedreht und ich bin ihr bester Freund. In dem Zustand gabelt sie oft irgendwelche Typen auf, die glotzen mich dann morgens blöd an. Aber in letzter Zeit hängt sie meistens nur rum und schickt mich mitten in der Nacht zur Apotheke oder zur Tankstelle.«

Klüppel regt sich auf. »Was? Und du bist so blöd und gehst? Schon mal was von Co-Alkoholikern gehört? Mensch Karsten, du musst dich ganz schnell distanzieren. Dass du die Feuerwehr geholt hast, finde ich übrigens überhaupt nicht schlimm. Woher hättest du denn wissen sollen, was sie intus hat? Bei Süchtigen weiß man nie, da ist immer alles drin. Jetzt gibt's nur eins: Klartext reden. Knall ihr vor den Kopf, dass sie abhängig ist, und schicke sie zu einer Beratungsstelle. Oder noch besser – gleich ins Krankenhaus zur Entgiftung. Pillen und Suff – das gibt einen bösen Entzug.«

Karsten geht das alles zu schnell. Er fühlt sich überfahren. »Das streitet die doch glatt ab. Ich glaube nicht, dass ich mich das traue. Immerhin hab ich ihr zu verdanken, dass ich nach Berlin gekommen bin. Was ja vielleicht auch sein Gutes hat, in gewisser Weise, du weißt schon, was ich meine. Sie tut mir auch irgendwie leid. Und ich wohne bei ihr, die schmeißt mich doch glatt raus!«

Klüppel fängt noch mal von vorne an, geduldiger und gemeinsam entwickeln sie eine Taktik, Zug um Zug. »Wenn du willst, dann kannst du für den Rest deines Praktikums – sind ja nur noch ein paar Wochen – bei Rü und mir wohnen, ich frag ihn mal heute Abend. Stell ihr keine Bedingungen, so in dem Stil: Entweder du hörst auf oder ich ziehe aus. Sie muss es für sich selber tun, nicht, damit der nette Vetter bleibt. Klare eindeutige Fakten, sonst gießt du Öl in das Feuer!«

Am Abend ist Claudia Gott sei Dank nicht da. Die Aussprache wird vertagt. Erleichtert geht Karsten wieder los, natürlich ins Kino. Im »Eiszeit« läuft eine kleine Johnny-Depp-Retrospektive mit Originalfassungen. Karsten steht vor den Plakaten und lässt jeden einzelnen Titel auf der Zunge zergehen. *Benny und Joon*, das ausgeflippte Pärchen, erinnert ihn heute zu sehr an das Amt, und *Gilbert Grape – Irgendwo in*

Iowa mit Leonardo DiCaprio hat er auf Video. *Dead Man* – nicht heute! und *Don Juan de Marco*, da geht's ja auch um einen Verrückten. Mit dem Vergessen will es heute nicht so recht klappen, die funkelnden Augen, das Cape stolz über den Schultern, das erinnert ihn doch an wen. Egal. Er kauft sich eine Tüte Chips und eine Mager-Cola. Er haut sich in den Sitz und macht den Hosenbund auf. Er amüsiert sich über den größenwahnsinnigen Johnny Depp. Karsten zerfließt mit Marlon Brando, dem melancholischen Therapeuten, schlaff wie Hefeteig. Als Don Juan durch die neuroleptische Behandlung seine Grandezza verliert und zu einem armseligen Jungen aus Phoenix, Arizona, zerfällt, sieht Karsten Boris mit der schwarzen Stola auf der Treppe im Amt, sein schokoladenverschmierter Mund in der Cafeteria. Noch einmal trifft es ihn mitten ins Herz.

Schon wieder eine vertrauliche Unterhaltung. Raschke bittet Karsten zu einem Auswertungsgespräch des Praktikums in ein Café. Raschke schiebt ihr Fahrrad, mit dem sie hinterher nach Hause fahren will. An der Mommsenstraße setzen sie sich trotz der verlockenden Wärme nicht ins Freie, man ist ja schließlich im Dienst. Raschke lädt ihn ein, spendiert auch einen Kuchen dazu. Dann fängt sie an. Sie sei ja am Anfang sehr skeptisch gewesen, er so jung, keine andere Berufsausbildung vorher, das sei schon problematisch in diesem Job. Aber er habe sich eigentlich in den letzten Wochen erstaunlich entwickelt, sei viel selbstbewusster geworden, könne eine Beziehung zu den Klienten aufbauen. Irgendwie habe es wohl geschnackelt bei ihm. Auch die angestrebten Einzelfälle, Grünthal, Stoppek, Kleiner – Friedhelm lebe ja nun nicht mehr –, und Boris habe er vorzuweisen. Obwohl sie wegen Salowski noch die größten Bedenken habe. Da sei doch so etwas wie Distanzverlust zu spüren, ob er wisse, was sie meine? Wie denn sein Resümee sei, sechs Wochen vor dem Ende? Und was komme eigentlich danach?

Karsten erzählt, dass für sein zweites Praktikum inzwischen eine Bestätigung vom Müttergenesungswerk Baden-Württemberg gekommen sei, das scheine zu klappen. Aber so weit könne er noch gar nicht denken. Er schildert das Chaos vom Anfang, und wie ihn vieles schockiert habe. Wie unterschiedlich die Kollegen seien und die Ärzte, das bringe ihn manchmal fast um den Verstand. Klüppel zum Beispiel und dagegen die Wolff!

Raschke lacht und bestätigt ihn. »Ja, das ist manchmal wirklich kaum zu fassen. So ein Haufen von extremen Gestalten, das gibt's vielleicht nur in der Psychiatrie.«

Karsten fängt Feuer. »Und die ganzen Regeln und Gebote, die hier so rumschwirren. Soll ich Sie Ihnen mal aufsagen? Frau Raschkes Gebot Nummer eins: Immer erst mal abwarten, gemach, gemach. Die Wölffin: Wer weiß, wozu's gut ist. Noch mal die Wölffin: Abklären ist die halbe Miete. Und: In einem richtigen Amt geht nichts verloren. Das Gebot der ganzen Dienststelle: Man steckt halt nicht drin. Meine eigene Regel: So doof kann eine Frage gar nicht sein, dass ein Praktikant sie nicht stellen dürfte. Klüppels Spezialrezept: Nimm dein Leben als Werkzeugkasten. Und die neueste Regel, von mir entdeckt: Jeder Mensch ist völlig anders. Über dieses Amt könnte man wirklich ein Buch schreiben. Aber gerade das gefällt mir so an dem Praktikum: Es ist wie im wirklichen Leben. Nur viel, viel spannender.«

Raschke schaut verzückt zu, wie er sich ereifert. »Das ist es, was ich meine, Schäfer. Die Psychiatrie packt einen entweder oder sie lässt es bleiben. Ich glaube, Sie hat es gepackt. Jetzt komm ich aber mit meinem eigenen Anliegen: Ich merke, dass Sie das schon ganz gut hinkriegen. Deshalb würde ich ganz gerne Ende Juli zwei Wochen von meinem Jahresurlaub nehmen, eine knappe Woche davon ist Klüppel auch weg, zu einer Tagung in Stockholm. Eigentlich geht das nicht. Aber wenn Sie mitmachen, Thomalla und Michalke hab ich schon gefragt, dann würde ich es wagen. Trauen Sie sich das zu?« Karsten nickt sofort stürmisch mit dem Kopf. Aber ja! Kein Problem für ihn. Er wird es dem Amt zeigen. Psychisch Gesunde und Kranke aller Kontinente: Karsten Schäfer ist für euch da!

Klüppel fängt ihn zwischendurch mal ab und meint: »Ich hab Rü gefragt. Für die letzten sechs Wochen kannst du in unser Gästezimmer ziehen. Du hast es ja gesehen. Wenn du Lust hast, kannst du am Sonntag um elf Uhr mal vorbeikommen, da treffen wir uns immer mit ein paar Freunden zum Waldlauf. Dann können wir ja noch mal drüber reden. Die Sache mit Claudia musst du natürlich allein hinkriegen.«

Karsten ist den Rest des Tages nur noch halbherzig bei der Sache. Er hat Angst vor dem Gespräch mit Claudia. Klüppels Angebot schmeichelt ihm enorm, ist ihm aber auch unangenehm. Die paar Wochen wird er doch noch rumkriegen!

Raschke hat ihm einen Stapel Akten hingelegt von Klienten, zu denen sie regelmäßig Kontakt hält. Das soll Karsten während ihres Urlaubs übernehmen, wenn nicht zu viel los ist. Es fällt ihm jetzt schon viel leichter, die Papier-Ungetüme rasch durchzuarbeiten, sich auf das Wesentliche zu konzentrieren: Epikrisen, Vermerke, Protokolle von Helferkonferenzen, Entwicklungsberichte. Erstaunlich, wen Raschke so alles an der langen Leine hat. Aber immer wieder wandern seine Gedanken zu Claudia, zu Klüppel und Rü und wie es überhaupt mit ihm weitergehen soll.

Er geht reichlich früh nach Hause in der Hoffnung, Claudia noch einigermaßen nüchtern anzutreffen. Als er die Wohnungstür öffnet, hört er den röhrenden Gießkannenbass von Tom Waits aus Claudias Zimmer und er bläst sein Vorhaben sofort wieder ab. Diese traurigen Säuferballaden schiebt Claudia meist in fortgeschrittenem Stadium in ihren CD-Player. Er klopft trotzdem an ihrer Tür, lässt sich aber von einem rauhen »Lass mich bloß in Ruhe« gerne vertreiben.

Er räumt die Küche auf, wäscht ab, wischt sogar den klebrigen Boden. Dann sitzt er ratlos in seinem Zimmer herum. Er merkt, dass er sich hier nicht mehr wohl fühlt. Er wird unruhig, die Hitze treibt ihn noch einmal hinaus auf die Straße. Er trägt Boots und enge Jeans und schwitzt abscheulich. Er klappert einige der Schöneberger Straßen ab, die er aus einem schwulen Stadtführer herausgesucht hat. Einmal zwingt er sich, eine der erwähnten Kneipen zu betreten, stürzt ein Bier hinunter und haut dann wieder ab. Er wandert zum Nollendorfplatz und weiter, streunt an den Rändern des Tiergartens entlang. Als er endlich um eins wieder im Bett liegt und gerade wegnickt, kommt Claudia in sein Zimmer und will mit ihm reden. »Können wir nicht wieder Freunde sein, du und ich«, nuschelt sie vor sich hin, »es tut mir ja so leid. Kannst du mir noch mal verzeihen? Ich weiß, ich bin grässlich. Bitte Karsten, sag doch was. Kannst du mir noch mal verzeihen? Sag doch was. Bitte. Sag, dass du mir verzeihst.«

Karsten ekelt sich vor ihr und dafür schämt er sich. Sie reibt an seiner Schulter herum und setzt sich auf die Bettkante. Er gibt sich einen Ruck, fährt hoch. »Ich will jetzt schlafen. Wir reden morgen über alles. Aber nicht jetzt. Lass mich bitte in Ruhe.« Als sie wieder mit in ihrer Litanei anfängt, steht er auf, schiebt sie aus dem Zimmer und schließt ab. Immer wieder rüttelt und jammert sie, und Karsten denkt nur noch eins: Das halt ich nicht mehr aus.

An dem Freitag, bevor Raschke in Urlaub fährt, setzen sie sich noch einmal zusammen, Klüppel kommt kurz dazu. Karsten macht sich Notizen. Immer wenn Frau Raschke fast am Ende ist (»Ich glaub, das wär's«), fällt ihr doch noch etwas ein. Ein Klient, um den es lange still war, fängt wieder an, manisch zu werden. Karsten bekommt große Augen, damit hat er noch keine Erfahrung. »Das dauert meistens ewig, bis es bei Manikern für eine Einweisung reicht. Ich hab es der Ehefrau schon hundertmal erklärt, aber sie ruft trotzdem dauernd an. Hören Sie aufmerksam zu, notieren Sie die Fakten und besprechen Sie sich mit Klüppel und der Wölffin. Denken Sie immer an das eine: absichern, absichern. Sie haben die Verantwortung so lange selbst, wie Sie nicht die nächsthöhere Instanz eingeschaltet haben. Und das bin ich oder Klüppel, und danach kommt der Arzt. Fragen Sie lieber einmal zu viel als zu wenig, die Wölffin hat ein breites Kreuz!«

Neben den Namen des Klienten, Martin van der Leyden, schreibt Karsten in großen Buchstaben ABSICHERN. Vor sich sieht er einen tollkühnen Alpinisten, der einen Haken in die Wand schlägt, bevor er weiter nach oben steigt. Er erinnert sich, die Akte in den ersten Tagen in der Hand gehabt zu haben, z.d.A., zu den Akten oder zurück an den Anfang?

»Das gilt natürlich auch für die anderen Fälle«, meint Raschke weiter. »Eigentlich ist das Absichern hier überhaupt das wichtigste Geschäft, abwimmeln und absichern, wenn Sie das können, dann reicht es für eine Planstelle. Haben wir leider keine, kriegen auch keine rein. Hoho. Denken Sie immer dran: abwimmeln und absichern, alles andere ist Kür. Das ist jetzt ein bisschen zynisch, ich weiß, aber vielleicht bin ich einfach urlaubsreif.« Klüppel grinst und zählt noch seine eigenen Fälle auf, die in den vier Tagen, die er weg ist, hochkochen könnten. »Da reden wir dann nächste Woche noch mal drüber, bevor ich fliege.«

Die letzten Stunden machen sie es sich, wie oft am Freitag, richtig gemütlich. Bei dem Kollegen, der Telefondienst hat, wird das Eis aufgebaut, das Raschke als traditionelle Urlaubslage spendiert. Karsten liest angespannt noch einmal seine Liste durch, über die er jetzt mit rotem Filzstift ABWIMMELN, ABSICHERN geschrieben hat. Hinter jedem Klientennamen stehen ein paar Stichworte, außerdem hat er die entscheidenden Akten mit Merkzetteln gespickt. Als er Frau Raschke noch etwas fragen will, lachen die anderen. »Schäfer, garantiert kommen völlig andere Meldungen. So ist das immer: Es brennt immer dort, wo wir kein Wasser zum Löschen hingestellt haben.«

»Schluss jetzt«, dröhnt die Wölffin, »Wochenende! Sind die wirklich essenziellen Fragen geklärt? Wer gießt die Blumen und wer supervidiert das Ganze?« Natürlich klingelt noch einmal das Telefon und die typische Freitagsmeldung, von der immer alle reden, geht fünf Minuten vor Feierabend ein. Eine Sozialstation hat ihren senilen Klienten nackt und vollgekackt im Treppenhaus angetroffen. Das finden jetzt alle nicht mehr lustig, aber Thomalla und die Wolff beißen in den sauren Apfel und ziehen los. »Den bring ich unter, da wird nicht mehr lange gefackelt«, schimpft die Wölffin, die heute zu einem Gartenfest in Hermsdorf eingeladen ist.

Am Samstagmorgen wartet Karsten angespannt, bis die ersten Geräusche aus Claudias Zimmer kommen. Er hat ein ordentliches Frühstück vorbereitet, Schrippen, Aufschnitt, Orangensaft, und den Küchentisch manierlich gedeckt. »Warum mache ich das eigentlich?«, fragt er sich selbst. »Um mein schlechtes Gewissen zu bekämpfen, logo«, murmelt er weise. Claudia schlurft im Bademantel einmal durch die Küche, holt ein Mineralwasser aus dem Kühlschrank und verschwindet wieder. Er fängt an alleine zu frühstücken, mit Zeitung und Musik, wie er es eigentlich liebt. Nach einer halben Stunde setzt sich Claudia verquollen zu ihm, lässt sich Saft einschenken. Karsten beginnt mit seinem Vortrag, so wie er es mit Klüppel im Rollenspiel eingeübt hat. Er spricht freundlich, warmherzig, aber eindeutig. So hat Klüppel es ihm eingetrichtert. Er sei sehr froh, bei ihr wohnen zu dürfen. Aber ihm sei klar geworden, dass sie abhängig sei, suchtkrank. Claudia murmelt dazwischen: »So'n Quatsch. Du spinnst wohl.« Aber er redet weiter. Sie zeige alle typischen Anzeichen für eine Abhängigkeit und müsse sich entscheiden, ob sie so weiterleben wolle. Er auf jeden Fall werde am Wochenende ausziehen und für den Rest seiner Berliner Zeit bei einem Kollegen wohnen. »Claudia, ich kann mir das einfach nicht mehr mit angucken und meinen Schlaf brauche ich nachts auch. Ich kann dir nicht helfen, das können nur Profis.« Claudia versucht noch einige Male alles wegzuwischen, schließlich wird sie einsilbig, verlässt wortlos die Küche. Karsten bleibt noch eine Weile sitzen, versucht aufzuessen, was er angebissen hat, schafft es nicht. So aufgeregt war er lange nicht mehr. Am liebsten würde er sich selbst auch ins Bett legen, die Decke über den Kopf ziehen oder einfach nach Esslingen fahren.

Er gibt sich einen Ruck, packt die letzten Klamotten in seinen Rucksack und in die Reisetasche und schreibt einen Zettel für Claudia. »Vielen Dank noch mal für alles. Den Fernseher hole ich später ab. Ich wünsche Dir alles Gute. Dein Karsten.« Er legt einige Broschüren und Faltblätter dazu, die er im Amt mitgenommen hat: Informationen für Suchtkranke, Tipps und Adressen von Beratungsstellen und Selbsthilfegruppen. Er sucht die Nummer von Klüppel raus, ruft an. Rü ist am Telefon. »Natürlich kannst du kommen, am besten jetzt gleich, wir müssen ja um elf Uhr spätestens los. Zum CSD – du kommst doch sicher auch mit?« Karsten kann mit dem Kürzel nichts anfangen, dann fällt es ihm endlich ein. Natürlich, heute ist ja der Straßenumzug zum Christopher-Street-Day. Er kann sich nicht viel darunter vorstellen. Außerdem ist er jetzt nicht scharf auf noch mehr Durcheinander. »Mal sehen. Aber erst bring ich mal meine Klamotten. Tschüs, bis nachher«.

Karsten grübelt lange, ob er für Claudia Klüppels Telefonnummer dalassen soll. Auf alle Fälle. Was für Fälle? Er greift noch mal nach dem Zettel und schreibt: »PS: Hier auf alle Fälle die Nummer, unter der ich in den nächsten Wochen zu erreichen bin. Ich melde mich bei dir!«

Klüppel und Rü sind noch gar nicht richtig angezogen, als Karsten eintrifft. Sie schaufeln Rührei in sich hinein und murmeln was von einer guten Grundlage, die sie heute bräuchten. Beide haben knappe Radler-Shorts an und schwarze Netz-Unterhemden, und allmählich dämmert Karsten, dass das ihre CSD-Uniform ist. Sie schnappen ihre Rucksäcke und mustern sich noch einmal vor dem Spiegel im Flur. »Tschüs, fühl dich wie zu Hause«, flötet Klüppel schon in der Tür stehend, kommt noch einmal zurück, fährt Karsten über die Haare (vor und zurück, vor und zurück) und schon fällt die Tür ins Schloss. Die Treppe dröhnt vom Getrampel ihrer Wanderstiefel, dann ist auch das vorbei.

Karsten wandert neugierig noch einmal durch die ganze Wohnung. Ihm ist zumute, als würde er plötzlich Erwachsensein spielen. Die vielen kleinen »Lägerle« fallen ihm ein, die kleinen provisorischen Wohnungen und Häuser, die sie sich als Kinder auf dem Hof einer benachbarten Schreinerei eingerichtet hatten. Da gab es richtige kleine Schreibtische, um als Papa Arbeiten spielen zu können, eine imaginäre Küche, in der die Mädchen gewaltig herumwirtschafteten. Die Buben mussten immer was zerhacken oder suchen oder zusammenbauen. »Vatterles und Mutterles« hieß das Spiel und plötzlich wird ihm stechend bewusst, dass er wohl nie ein Vatterle sein wird. Kein Kinderwagen, kein Babyphon. Stattdessen wird er sich an manchen Tagen verkleiden und mit anderen Männern durch die Straßen laufen – wer weiß, wozu's gut ist. Er sitzt noch eine Weile am Küchentisch und räumt dann ab. Er holt die letzte durchwachte Nacht in seinem neuen Bett im Gästezimmer nach. Als er aufwacht, ist es schon fast Abend, und er ist froh, sich nicht mehr entscheiden zu müssen. Jetzt ist der Christopher-Street-Day sowieso vorbei.

Am nächsten Morgen ist Karsten doppelt ausgeschlafen und springlebendig. Jetzt fängt sein wirkliches Leben an! Und weil ihn hier keiner kennt und sieht, weder Hadschi noch Gesine, Hajott, Nicole oder Tine oder gar seine Eltern (»Was isch denn ich dich gefahren?«), kommt er mit seinen Boxershorts mit zum Waldlauf. Er macht zwar nicht schlapp, abgehärtet durch seine stundenlangen Abendmärsche, ist aber hinterher so fertig, dass er schwört, dies sei das erste und letzte Mal gewesen. Er sagt es bloß keinem.

Die Perle in der Faust

Am Montag, dem 6. Juli sitzt Karsten in Habtachtstellung auf seinem Praktikantenplatz und pflegt seinen Muskelkater. Er wartet, dass das Telefon klingelt. Dann beschließt er, an Raschkes soliden Sozialarbeiter-Schreibtisch umzuziehen und schon wieder hat er dieses Vatterles-und-Mutterles-Gefühl. Er stellt den rückenfreundlichen Drehstuhl auf seine Größe ein, so wie er den Autositz korrigierte, wenn er Vaters Auto benutzen durfte. Er greift schon mal probeweise zum Telefon und blättert gleichzeitig mit der anderen Hand in den Karteikarten, die sich Raschke im Laufe ihres Sozialarbeiterlebens angelegt hat. Er versucht ihre Schrift zu entziffern, die Hieroglyphen von Abkürzungen, merkwürdigen Vereinen, Hauspflegerinnen und Kliniken. Auf einigen Karten hat sie witzige Kommentare notiert, Warnungen oder ein Extralob. »Besonders für versiffte Wohnungen« steht hinter einer Firma oder »Vorsicht. Nimmt keine Alkis und Drogis« hinter einem WG-Träger. Unter der altmodischen dunkelgrünen Schreibunterlage aus undefinierbarem Material findet er Raschkes Zeiterfassungsbogen. Auf die Minute genau trägt sie hier täglich ihre Arbeitszeit ein, aber, wie sie immer sagt, nur auf dem Papier. Er hat den Verdacht, dass sie heimlich mehr arbeitet, als sie angibt, und denkt sich seinen Teil: »Schön blöd.«

Wie mit Raschke abgesprochen sieht sich Klüppel als offizieller Vertreter die eingehende Post durch, dann erhält sie Karsten, und zwar vollständig. Er soll ruhig sehen, mit was man sich in so einem Amt rumschlagen muss. Fast jeden Tag schickt das Gericht einen Gutachtenauftrag für eine juristische Betreuung. Mit der Wölffin wird besprochen, ob das Gutachten erstellt wird, wer den Klienten vorlädt oder ob man einen Hausbesuch machen muss. Das ganze Verfahren ist aufwendig, aber gut eingespielt. Der größte Berg jedoch sind Anfragen vom Sozialamt, zu allen nur erdenklichen Fragestellungen. Braucht die angeblich depressive Hausfrau (ärztliches Attest liegt bei) wirklich Teppichboden für ihre angeblich fußkalte Wohnung? Soll für Frau B. die beantragte Fußpflege übernommen werden? Ist Herr P. arbeitsfähig, ist Herr J. arbeitsfähig, kann Frau Soundso gemeinnützige Arbeit verrichten? Kann dem minderbegabten und verhaltensauffälligen Peter Z. ausnahmsweise erlassen werden, die geforderten Nachweise von 30 Arbeitsbemühungen pro Monat beizubringen? Werden die folgenden Maßnahmen ärztlicherseits befürwortet: Drogenentzugstherapie für den in der Justizvollzugsanstalt einsitzenden Ali B.? Sozialpädagogische Einzelfallhilfe, durchgeführt von einer Psychologin, für die geistig behinderte Manuela V.? Besuch der Tagesstätte für psychisch Kranke durch Heino X.? Der Werkstatt für Behinderte, der gerontopsychiatrischen Tagesstätte, der Entgiftung im Krankenhaus, da nicht krankenversichert? Ist die nicht pflegeversicherte Seniorin Karla Z. einer Pflegestufe zuzuordnen? Bitte erstellen Sie das vollständige Pflegegutachten!

Karstens soeben noch blühendes Selbstbewusstsein welkt in wenigen Minuten. Er versteht den größten Teil des ganzen Krams überhaupt nicht. Wie um alles in der Welt soll er beurteilen, ob jemand Fußpflege braucht? Er weiß nicht mal, was das ist. (Seine Oma wahrscheinlich auch nicht). Geschweige denn eine gerontopsychiatrische Tagesstätte oder »die vorgeschriebenen 30 Arbeitsbemühungen im Monat«? Wenn Raschke in ihrem Posteingang blätterte, las er lieber spannende Akten. Er hörte, wie sie manchmal spitz auflachte oder grummelte: »Die hamse wohl nicht alle.« Einzelne Anfragen reichte sie immer mal wieder zu Karsten rüber, aber – ehrlich gesagt – er nickte dann wissend und gab ihr die langweiligen Bürokraten-Wische schnell wieder zurück. Die meisten Anfragen müssen sowieso die Ärztinnen beantworten, die können einem ja echt leid tun.

»Alles, was nicht dringend ist, lassen Sie einfach liegen«, hatte Raschke mehrfach gesagt. Ins Guinness-Buch der Rekorde als kompetentester Berufspraktikant aller Zeiten wird er so nicht kommen. Aber Ehrgeiz war ja noch nie sein Ding. Er schnappt sich den ganzen Stapel und geht zu Klüppel rüber. Der telefoniert und signalisiert ihm, leise zu sein und sich zu setzen. Klüppel sagt »Mhm« und schweigt, »Mhm« und schweigt. Karsten wird unruhig und will wieder gehen, Klüppel bedeutet ihm da zu bleiben. »Was könnten Sie denn heute noch machen, Frau Schwarz, haben Sie schon Pläne?«, fragt Klüppel noch sanfter als üblich. »Mhm« und schweigt, »Mhm« und schweigt. »Gibt es denn jemanden, den Sie noch anrufen könnten?« »Mhm« und schweigt, »Mhm« und schweigt. »Dann machen Sie doch das. Das hört sich wirklich gut an. Wie geht es Ihnen denn jetzt, Frau Schwarz, nachdem Sie mit mir gesprochen haben? Ich versuche gerade herauszufinden, ob Ihre Stimme jetzt anders klingt.« So geht das noch ein Weile, bis Klüppel endlich den Hörer auflegt.

»Wer war denn das?«, fragt Karsten neugierig. »Bestimmt irgend so eine Nervensäge!«

Klüppel grinst. »Da hast du ganz Recht, eine depressive Nervensäge. Weißt du, es ist nur so: Ich stehe auf Nervensägen. Und nicht zuletzt deshalb, weil ich meine Miete damit bezahle.« Peng. Karsten hat ein paar auf die Finger gekriegt und kringelt sich beleidigt in einer Art geistiger Embryonalhhaltung zusammen. Klüppel lacht. »Du hast ganz schön schnell den rotzigen Ton hier im Amt gelernt. Ich halte manchmal noch ein bisschen dagegen. Wenn ich die Klienten runtermache, dann mache ich auch meine eigene Arbeit runter. Außerdem, Karsten: Wer austeilt, muss auch einstekken können. Was hast du auf dem Herzen, zeig mal her?«

Als nach einer Stunde nichts Dringendes übrig geblieben ist, beschließt Karsten, seine alte Routine wieder aufzunehmen. Er macht einen Hausbesuch bei Kleiner, der schnell eine Bierflasche unter dem Tisch verschwinden lässt, sich aber freut. Danach klingelt er bei Boris in der Schillerstraße, der vor einigen Tagen entlassen wurde. Wortlos sitzen sie sich gegenüber, Boris auf seinem zerwühlten Bett, mit zerwühlten Haaren, noch immer – es ist 11 Uhr – nicht ganz wach.

»Sollen wir vielleicht mal was zusammen machen?«, fragt Karsten und erinnert sich an Yvonne Berger-Odenthals Ratschläge in Bezug auf Boris unter Neuroleptika.

»Wat denn?«, fragt Boris.

»Wir könnten doch mal in ein Museum gehen oder in den Zoo«, schlägt Karsten hilflos vor. Seine Vorschläge kommen ihm albern vor, sie riechen nach Kindergarten. Er lässt durch sein Gehirn alle Sehenswürdigkeiten Berlins rattern, dann fallen ihm Klüppels Worte ein, das eigene Leben als Werkzeugkasten zu benutzen, und er beschliesst mal was auszuprobieren. Kriegt ja keiner mit, wenn er sich blamiert. »Weißt du, ich komme ja aus Westdeutschland, wie man hört. Ich kenne mich in Berlin nicht besonders aus. Könntest du mir nicht mal was zeigen? Hast du eine Idee?«

Eine winzig kleine Spur Interesse wird in Boris' Augen wach, Karsten jubelt, es hat geklappt. »Man müsste mal überlegen«, meint jetzt Boris, »vielleicht fällt mir was ein.«

Karsten fragt, wo er sich denn am besten auskenne, wo er denn aufgewachsen sei, und erzählt ihm im Gegenzug von Esslingen, seiner Oma und der Schreinerei und dass er dorthin zurückkehren wird, schon in einigen Wochen. Als Boris verwundert nachfragt: »Was, du haust ab?«, meint Karsten ganz locker, dass er ja hier nur ein Praktikum mache. Da sei eben nach sechs Monaten Schluss. Er sei auch ein bisschen traurig, dass man sich bald nicht mehr sehen werde.

Ganz kurz bekommt er einen Schreck. Ob das der Distanzverlust ist, von dem Raschke sprach, und den er so geschickt ignoriert hat, neulich beim Auswertungsgespräch? Sei's drum. Er spürt, wie er Boris am Haken hat. Sie verabreden sich für Donnerstagnachmittag, dann wird ihm Boris Lichtenrade zeigen, Lichtenrade am Arsch der Welt.

Am Nachmittag kommt der erste Anruf von Frau van der Leyden. Ihr Mann sei jetzt nach Braunschweig gedüst, mit dem Auto der Schwiegermutter, vielleicht auch gleich nach Detmold, da lebe eine Schwester. Ob man nicht was machen müsse? Karsten hört teilnahmsvoll zu, fragt nach und verspricht zurückzurufen. Vor dem Schreibtisch der Wölffin – dort wird er in den nächsten Tagen noch oft sitzen – erstattet er Bericht. Nein, kein Grund zum Handeln, wie denn auch. Er informiert Frau van der Leyden, bittet sie nachdrücklich, ihn auf dem Laufenden zu halten. Sie solle morgen wieder anrufen. Verblüfft meint sie: »Sie scheinen sich ja echt zu interessieren! Das ist ja mal was Neues. Vielen Dank. Das tut einem richtig gut.« Wie schon damals bei Boris' Mutter konstatiert Karsten, wie bescheiden die Angehörigen der chronisch Kranken sind. Mit Aufmerksamkeitskrümeln, findet er, lassen sie sich abspeisen. Eigentlich tragisch, denn wofür werden die Leute im Amt eigentlich sonst bezahlt?

Die Sprechstunde am Dienstag bringt Karsten über die Bühne, ohne Klüppel um Hilfe zu bitten. Auf der gemeinsamen Fahrt ins Amt, im Auto, haben sie noch geflachst: Ob er ohne Mama Raschke wohl klarkomme? Und ja die Gebote nicht vergessen, vor allem Abwarten, Absichern und Abwimmeln, diese drei!

Zwei Erstgespräche kann er heute führen. Darauf hat ihn die Fachhochschule immerhin vorbereitet. Im Seminar schien es vor allem darauf anzukommen, den Partner mit einer Art inbrünstigem Seelsorgerblick anzustarren. Er musste dabei immer kichern. Damals bekam er den Eindruck, das ganze Sozialarbeiterleben bestehe nur aus Erstgesprächen. Aber von Raschke hat er mitbekommen, dass ein gutes Erstgespräch wie eine Perle ist, die man in der braunen Miesmuschel Amt sehr selten, aber immerhin entdecken kann. »Und das Tolle daran ist, dass man nicht nur Glück haben muss und suchen, sondern dass man an der Produktion der Perle beteiligt ist.«

Die ergraute Frau Meißner mit ihrem pseudo-juvenilen Pferdeschwanz ist nach ihrem zweiten Selbstmordversuch vom Hausarzt hergeschickt worden. Sie sei Alkoholikerin, eigentlich seit vielen Jahren trocken, aber seit drei Monaten rückfällig. Auch ihr Mann sei Alkoholiker, auch er sei eigentlich trocken und mit ihr zusammen rückfällig geworden. Sie wisse gar nicht, warum sie die Tabletten genommen habe, sie habe einen Filmriss. Eigentlich sei alles wunderbar, wunderschön, man habe ein gutes Leben zusammen, gehe auch wieder zu den Gruppen. Frau Meißner erzählt von ihrer Schwester, ihren netten Nichten und Neffen, Anekdoten und Witzchen reihen sich aneinander. Sie spricht in diesem eigenartigen Singsang, der ihm bei den Berlinern, vor allem den Frauen, immer stärker auffällt. »Weeßt de, sag ich zu ihm, uns jehts doch eigentlich jut. Ja, sagt er, da haste Recht. Und ick sag, jenau, sag ick.« Beim Erzählen wird die wörtliche Rede zitiert, fast als lese man die unterschiedlichen Rollen eines Theaterstücks mit einer Stimme. Beherrschen die Berliner den Konjunktiv nicht, grübelt Karsten? Er kennt abgelegene Käffer auf der Alb, da reden die Leute nur als ob: Ich wäre gewesen, ich hätte gemacht. Karstens Gedanken schweifen ab, er mahnt sich zur Ordnung. »... ha ick zu meinem Mann gesagt, du, sag ick, da geh ick mal hin.«

Karsten hört sich alles geduldig an, wird eigenartig träge und müde bei den Schilderungen des gemeinsamen häuslichen Glücks. Warum ist die eigentlich hier? schießt es ihm durch den Kopf, dann nickt er wieder freundlich und reißt sich zusammen. Die wenigen Techniken, die er an der Fachhochschule gelernt hat, probiert er der Reihe nach aus. Er fragt gezielt nach der Lebensgeschichte, hakt jedesmal nach, wenn es ihm zu schnell geht. Er lässt Pausen entstehen, wartet ab, auch wenn ihm das Stehenlassen und Schweigen noch immer tierisch schwer fällt. Da fällt ihm auf, dass es Frau Meißner ist, die keine Sekunde der Stille ertragen kann. Sie quasselt und quasselt, alles ist nett und prima und wunderbar. Sie redet, das wird ihm jetzt klar, um ihr Leben. Bloß keinen Stillstand, das wäre der Tod. Bei Raschke hat er manchmal beobachtet, wie sie einfach völlig quer fragte, sie nannte es »gegen den Strich«. Er hat sich das bisher nicht getraut, jetzt tut er es einfach. »Warum sind Sie eigentlich hergekommen?«, fragt er freundlich, eine kleine Pause ausnutzend.

Frau Meißner stutzt und schluckt. Sie hat Wasser in den Augen. Er sieht sie aufmerksam an. Und wartet. Die Stille setzt sich mit an den Tisch. »Weil ich Angst habe, dass ich es wiedermache und sterbe«, sagt sie dann trocken. »Und det will ick nich.«

Na prima, denkt Karsten, inzwischen wieder richtig wach, dann können wir ja jetzt anfangen. »Haben Sie eine Idee, wie wir Ihnen dabei helfen können?«, fragt Karsten ganz professionell und freut sich an der kleinen Perle in seiner Faust.

Erschöpft und stolz haut er sich in seinen Stammsessel im Pausenraum. Schade, dass Mike nicht mehr hier ist. Jetzt wäre er in der Stimmung für eine richtig ordinäre Currywurst mit Pommes, am besten rot-weiß. Er drückt verstohlen auf seinem Bauch herum und massiert seine Beine, in denen sich seit dem Waldlauf einige Kilo Blei abgelagert haben. Er holt sein belegtes Brot, seine Klappstulle, raus und bekommt schon bald Gesellschaft.

Wenn Raschke nicht da ist, beobachtet Karsten einen merkwürdigen Effekt: Kollegen kommen einzeln oder als kleine Abordnungen auf ihn zu und fragen beiläufig irgendetwas Computermäßiges. Vielleicht hat sein kleiner Auftritt mit der elektronischen Schreibmaschine das Thema hochgespült, er weiß es nicht genau. Er beantwortet, so gut er kann, alle Fragen. Ja, klar, die Karteikarten könne man ohne weiteres auf EDV umstellen, nein, die Datenschutzprobleme seien längst gelöst. In Krankenhäusern mache man das doch auch. Aber sicher, die ganzen Befürwortungen und Gutachten könne man mit Textbausteinen blitzschnell fertigen, das könne man ohne Ausbildung, ganz einfach, kein Problem.

Heute schleicht sich sogar die Wölffin an ihn ran und will wissen, ob die anderen Abteilungen im Haus die Dateien anzapfen könnten, wenn sie wollten. Karsten versucht möglichst anschaulich und einfach das System zu schildern, wie es seiner Ansicht nach installiert werden müsste. Die Wolff fragt nach Preisen, Schulungen und immer wieder nach dem Datenschutz. Karsten erklärt Codierungen, Passwörter und den Aufbau eines hierarchischen Zugangs. »Sie als Chefin würden also an alles rankommen, die anderen kämen immer nur so weit, wie sie es für ihre Arbeit brauchen.«

Das Thema wird dann schnell wieder gewechselt, vor allem wenn die Schreibkraft in der Nähe ist, sind Computer tabu. Karsten reimt sich so einiges zusammen und fragt abends bei Klüppel nach. Wie er von Wilke schon weiß, hält Raschke nichts von der Umstellung auf EDV und auch die Wölffin zeigt sich offiziell skeptisch. Die Schreibkräfte im ganzen Bezirksamt bangen um ihre Arbeitsplätze, denn an den Computern schreiben dann die Sozialarbeiter womöglich ihr Zeug selber. Karsten will wissen, wie er sich verhalten soll. »Freu dich doch, dass jeder deinen Rat will«, muntert ihn Klüppel auf. »Als Praktikant in der Expertenrolle zu sein, davon hätte ich nicht mal geträumt.«

Am Mittwoch finden sich alle zur wöchentlichen Dienstbesprechung zusammen. Karsten hat sich beeilt, als Erster da zu sein. Die Plätze am Kopfende sind am begehrtesten, außerdem kann man dann alle Nachzügler hämisch beobachten. Die Wölffin schiebt schon mal auf alle Fälle die Unterlippe vor – irgendein Grund, sauer zu sein, wird sich schon noch finden. Yvonne Berger-Odenthal setzt sich so weit weg von der Wölffin, wie es irgend geht und dreht sich eisig zur Seite. Thomalla hält sich an einer riesigen Jumbotasse mit Kamillentee fest. Michalke stützt den Kopf auf ihre Hände und parkt die Ellbogen auf den Knien; ihre langen Haare fallen wie ein Vorhang vors Gesicht – sie macht schon vorneweg die Schotten dicht. Klüppel breitet ungefähr 73 Rundschreiben, Faltblätter und Programme für Tagungen und Fortbildungen auf dem Tisch aus. Carola Wilke, heute besonders schnieke gestylt in Leggings und Viskose-Top, setzt sich direkt neben die Tür, damit sie ans Telefon rennen kann, wenn es klingelt. Sie hofft, dass es klingelt. Alle hoffen, dass es klingelt und dass es eine Meldung für sie ist, denn alle hassen die Dienstbesprechung. Die Psychologin kommt wie immer zu spät und murmelt was von ihrer Analyse. Die Wölffin schiebt die Unterlippe noch etwas weiter vor. Die Schreibkräfte geben sich endlich auch die Ehre und fragen sofort, ob es wichtig für sie sei, sonst würden sie sich lieber wieder an die Arbeit machen.

Thomalla nimmt einen großen Schluck aus ihrer monströsen Tasse, räuspert sich und meint dann: »Sollten wir nicht heute mal über diese leidige EDV-Geschichte sprechen? Nicht dass ich es hinter dem Rücken von Raschke machen will, aber wir könnten ja erst mal darüber reden, ohne dass es gleich kracht. Karsten Schäfer kennt sich da ja ganz gut aus, und wir müssen doch endlich mal diese Anfrage von der Servicestelle beantworten.«

Karsten fährt es durch Mark und Bein. Diese Dienstbesprechung ist ihm ein Buch mit sieben Siegeln. Wäre er doch zu Hause geblieben! Egal was er jetzt macht, es ist falsch. Also hält er am besten die Klappe.

Yvonne Berger-Odenthal fährt mit ihren knallroten Fingernägeln durch die frisch getönte Mähne und pflichtet Bärbel Thomalla bei: »Genau. Ich finde, wir sollten das jetzt endlich mal klären. Horst, du hast doch sicher das Rundschreiben mit dem Fragebogen dabei!«

Horst Klüppel wühlt in seinen Papieren, das Gesicht der Wölffin wird derweilen kreidebleich. »Nettes Ablenkungsmanöver haben Sie sich da ausgedacht, Frau Berger-Odenthal. Aber nicht mit mir. Sie glauben doch nicht im Ernst, ich diskutiere mit Ihnen die Organisation unserer Dienststelle, die

Sie schon in Bälde zu verlassen gedenken! Kommt nicht in Frage, Punktum. Nächster Punkt der Tagesordnung? Gibt's noch was?« Die Wölffin fuchtelt mit den Händen, zupft ihr ärmelloses Sommerkleid zurecht. »Und wenn sonst keiner was hat, geht bitte jeder an die Arbeit. Wir sind ja nur halbe Besetzung!« Sie steht auf und stößt ihren Stuhl zurück. Ohne sich noch einmal umzudrehen, verlässt sie den Raum. Die Schreibkräfte tuscheln aufgeregt und sind froh, nichts verpasst zu haben. Thomalla nimmt noch einmal einen tiefen Schluck. Michalke zieht den Haar-Vorhang wieder hoch. Es ist vorbei.

Um eins ruft Frau van der Leyden an. Ihr Mann sei offensichtlich in Amsterdam, die Polizei habe soeben angerufen, er habe einen Blechschaden verursacht. Sei aber alles nicht so schlimm und man habe ihn weiterfahren lassen. Karsten erstattet Rapport bei der Wölffin und ruft umgehend zurück. Sobald ihr Mann wieder greifbar sei, solle sie sich melden, vorher könne man nichts tun. Karsten lässt sich von Frau van der Leyden die Katastrophen vor den letzten Unterbringungen schildern. So fängt er zwei Fliegen mit einer Klappe: Frau van der Leyden wird ein bisschen Druck los und er weiß etwas konkreter, was auf ihn zukommt. Mein lieber Scholli.

Am Nachmittag zur Psychosozialen Arbeitsgemeinschaft, das hat er Raschke versprochen. Er packt sich das Ringbuch auf die Knie und schreibt kräftig mit. Schon wieder rangeln die Träger um die Tagesklinik, schon wieder ist angepfiffen: Schwertfisch gegen Synerg. Beide Träger haben Konzepte vorgelegt, konzentrische weiße Ringe strahlen um die beiden Referenten. Appenzell stellt sein ausgefuchstes therapeutisches Programm vor, flüssig und ohne ein einziges Mal auf ein Blatt Papier zu linsen. Mit seinem Konzept, das macht er unmissverständlich klar, sei man auf der Höhe der aktuellen Psychotherapieforschung und werde weltberühmt. Der eloquente Geschäftsführer von Schwertfisch redet von der guten alten Tagesstruktur, von Medikamenten und »Normalität einüben«. Zu beiden Konzepten werden Fragen gestellt, aber in Wirklichkeit geht es gar nicht um die Inhalte, sondern um die Träger. So viel hat Karsten inzwischen auch kapiert.

»Wollen Sie eigentlich gleich die ganzen Familien aufnehmen, Herr Dr. Appenzell? Oder wie wollen Sie sonst mit Ihrem Myko-System arbeiten?«, fragt die dürre Clarissa von Schwertfisch.

Appenzell lächelt süffisant: »Um myko-systemisch zu arbeiten, brauche ich keine Familie. Unser ganzes Setting ist ja ein System, mit den Therapeuten und Pflegekräften, und wird mit den unterschiedlichsten Techniken, ich nenne hier mal bloß NLP, auf den Patienten einwirken. Und ändert sich ein Teil, so ändert sich zwangsläufig auch das pathologisch-homöostatische System. Aber das wissen Sie ja wohl.« Geraune im Raum, weil ein paar natürlich doch nicht wissen, Karsten z.B., dass NLP neurolinguistisches Programmieren heißt und schon ein oller Hut ist. »Sie können natürlich die Patienten auch weiter Peddigrohr flechten lassen und in die Kochgruppe schicken. Fragt sich, wie lange die Kassen solche Kindereien noch finanzieren. Bei uns werden die Patienten vielleicht auch Peddigrohr flechten und Kochen lernen sie natürlich auch. Aber das alles bei unserem myko-systemisch geschulten Personal!« Er setzt die Brille auf die Nase, die er für sein Furioso schnell abgenommen hat, und streicht sich die Föhnwelle aus der Stirn.

Unter dem Tisch wird ein Stapel Papier weitergereicht und einige fangen an zu tuscheln. Als die Flugblätter bei Karsten angelangt sind, nimmt er sich eines, gibt den Rest weiter. »Appenzell – ein gefährlicher Manipulator«, knallt Karsten die Überschrift entgegen und ganz unten liest er als Verfasser: »Einige Opfer, die sich wehren.« Das Geraune wird größer und die Koordinatorin Meißner-Wölke, die die Sitzung leitet, unterbricht die Debatte. »Es macht hier ein Flugblatt die Runde, das offensichtlich gegen Herrn Dr. Appenzell Stimmung macht. Wie gehen wir damit um? Offiziell zur Kenntnis nehmen können wir es ja nicht, es gibt ja keinen entsprechenden Punkt in der Tagesordnung.«

Appenzell unterbricht sie und steht auf. Er reißt die Brille wieder von der Nase, kleine hektische Punkte blühen zwischen Kinn und dem blendend weißen Hemdkragen auf. »Ich möchte Sie dringend bitten, dieses Pamphlet nicht zur Kenntnis zu nehmen. Würde es bitte mal jemand wieder einsammeln? Das ist ja nicht der Stil, wie er unter zivilisierten Menschen üblich sein sollte. Ich werde natürlich rechtliche Schritte dagegen einleiten.« Eine Mitarbeiterin, die neben Appenzell sitzt, versucht den Leuten die Flugblätter wieder aus der Hand zu nehmen, die halten sie aber fest oder lassen sie in ihren Unterlagen verschwinden. Karsten stopft sein Flugblatt blitzschnell in die Hosentasche, um es für Klüppel zu retten. Zwischen Appenzells Assistentin und Clarissa von Schwertfisch kommt es zu einem heftigen Gerangel. Die Assistentin zieht an dem Zettel, Clarissa hält ihn fest und haut der Assistentin auf den Arm. Die kreischt: »Sie blöde Kuh, was fällt Ihnen eigentlich ein. Das ist ja die Härte!« Das Blatt wird zerrissen, Appenzells Assistentin setzt sich triumphierend auf ihren Platz und knallt ihr Papierstück auf den Tisch. Der Eklat ist perfekt, alle halten die Luft an.

Die Stadträtin, die wegen der Diskussion um die Tagesklinik extra hergekommen ist, meldet sich zu Wort, als die größte Erregung abgeklungen ist. »Ich bin als Politikerin ja auf Ihre Einschätzung als Fachleute angewiesen. Und ich blikke, ehrlich gesagt, nicht durch. Hier scheint es ja überhaupt nicht darum zu gehen, wer das bessere Konzept hat und wer für die Patienten die bessere Arbeit macht. Ich möchte die PSAG doch herzlich bitten wieder zu einer Sachdiskussion zurückzufinden, damit wir eine Entscheidung treffen können. Wie ich heute gehört habe, hat Synerg bereits Räume angemietet. Ich werde mich allerdings nicht durch vorab geschaffene Fakten unter Druck setzen lassen, und die Krankenkassen und die Senatsverwaltung sehen das wohl genauso.«

Es folgt eine lange und zähe Diskussion um Verfahrensfragen, um die Geschäftsordnung und um die Tagesordnung der nächsten Sitzung. Eine kleine Arbeitsgruppe soll installiert werden, mit neutralen Experten besetzt. Bei der Benennung der Mitglieder geht das Theater wieder von vorne los. »Der steckt doch auch mit Appenzell unter einer Decke«, heißt es, als Klüppels Name fällt. Und der Koordinatorin wird vorgeworfen, sie sei sowieso voreingenommen, weil ihre Freundin bei Schwertfisch im Vorstand sei. Das Ganze endet schließlich damit, dass die wenigen eindeutig neutralen Psychos im Bezirk eine Berufungskommission bilden sollen, die dann entscheidet, wer in die Arbeitsgruppe kommt. Und die Arbeitsgruppe entscheidet dann wiederum, welcher Träger den Zuschlag des Bezirks für den Aufbau einer Tagesklinik erhält. Ob sich aber an diese Empfehlung, erklärt ihm Klüppel beim Abendessen, die Krankenkassen und die Senatsverwaltung halten werden, das sei so sicher wie Schneefall in der Karibik.

Karsten hat das Flugblatt ganz aufgeregt auf den Tisch geschmissen. Klüppel reagiert aber so verhalten, dass Karsten den Verdacht hat, er kennt es schon. Trotzdem liest es Karsten laut vor:

Appenzell – Ein gefährlicher Manipulator

Unhaltbare Zustände bei einem großen psychosozialen Träger veranlassen uns, auf diesem Wege die Fachöffentlichkeit zu informieren. Herr Dr. Appenzell ist bekanntlich seit zwei Jahren Vorstandsvorsitzender des Vereins SYNERG e.V. Gleichzeitig ist Herr Dr. Appenzell Leiter des »Instituts für myko-systemische Forschung und Weiterbildung in der Psychiatrie«, das er selbst aufgebaut hat. Dieses Institut wird mit öffentlichen Geldern unterstützt. Herr Dr. Appenzell benutzt die Einrichtungen des gemeinnützigen Vereins SYNERG, um die von ihm entwickelte myko-systemische Methode beforschen und einem Praxis-Test unterziehen zu können. Die

Bewohner und Patienten werden so zu Versuchsobjekten einer dubiosen Methode. Mit einem raffinierten Geflecht von Abhängigkeiten schafft es Herr Dr. Appenzell, im Verein SYNERG ausschließlich seine Entscheidungen durchzusetzen. Dies hat nicht zuletzt Auswirkungen auf die Personalpolitik. Unliebsame Mitarbeiter werden vom Geschäftsführer auf Anweisung von Herrn Dr. Appenzell gekündigt, wobei die Gründe für eine fristlose Kündigung notfalls produziert werden. Aber damit nicht genug. Herr Dr. Appenzell verhindert durch sein Syndikat, das man nur mit den Strukturen der Mafia vergleichen kann, dass die entlassenen Mitarbeiter bei anderen Trägern eingestellt werden. Zum Abschluss möchten wir noch darauf hinweisen, dass auf diesem Wege eine ansonsten unbestrittene Methode, nämlich die systemische Therapie, diskreditiert wird.
Wir fordern die Mitglieder der Psychosozialen Arbeitsgemeinschaft auf, die Umtriebe des Herrn Dr. Appenzell nicht weiter zu unterstützen.
Unterzeichnet: Einige Opfer, die sich wehren.

»Na, was sagst du dazu?« Karsten ist enttäuscht, dass Klüppel nicht völlig aus dem Häuschen ist. Das ist doch seine Welt, sein Bezirk, der Träger, in dem einer seiner besten Freunde Geschäftsführer ist!

»Ach Karsten«, meint Klüppel, »das ist alles viel komplizierter, als du denkst. Wenn ich jetzt anfange, dir das alles auseinander zu klamüsern, dann sind wir morgen noch nicht fertig. Ich verstehe es ja manchmal selbst nicht so ganz. Das Flugblatt kenne ich natürlich schon, ich bin ja in dieses ganze Zeug verwickelt und verwurstelt. Aber ich denke nicht, dass es was bringt, wenn du da auch noch hineingezogen wirst. In einigen Wochen bist du wieder weg und der ganze Schlamassel geht dich nichts mehr an. Für dich ist jetzt nur so viel wichtig: In dieser ganzen Psychiatrie geht es zwar vordergründig um Menschen, aber die ganzen Kämpfe gehen um Geld, um Arbeitsplätze und um Macht. Stell dir doch mal vor, was es heutzutage bedeutet, zehn oder zwanzig Arbeitsplätze für Psychologen, Sozialarbeiter und Krankenpfleger zu schaffen. Sogar die Ärzte stehen auf der Straße. Was meinst du, was für eine Dynamik entsteht, wenn jemand da zugreifen kann. An dem ziehen nicht zehn oder zwanzig Leute rum, sondern gleich hundert. Und wenn dann noch einer die Versorgungseinrichtungen zur Spielwiese für seinen persönlichen Ruhm machen will – na dann wird's ganz verdreht. Ich weiß schon, warum ich im Amt geblieben bin. Dort ist es zwar manchmal reichlich bürokratisch und engstirnig, aber man ist nicht nur von Connections abhängig. Der wahre Filz, der hängt nicht mehr in der Bürokratie, sondern in der ach so freien Wohlfahrtspflege. Für die ganzen Träger gib's in Zukunft sowieso nur eins: alle zusammen in einen gemeindepsychiatrischen Verbund, Klappe zu, Affe tot. Dann hat das Theater ein Ende. Das ist die Sache, an der ich mit einigen Leuten rumstricke, aber damit mache ich mir auch nicht gerade Freunde. Also, du siehst, Karsten, – money makes the world go round. Aber jetzt würde ich gerne von was anderem reden. Feierabend! Ehrlich gesagt, steht mir der ganze Scheiß bis hier.« Klüppel setzt sich die Handkante an das Kinn und verdreht die Augen.

Karsten protestiert vorsichtig: »Aber das ist ja wie im Krimi. Du hättest die heute sehen sollen: Appenzells Tussi und Clarissa im Nahkampf, das war echte Action. Und Appenzell, wie der weiße Riese! Ich bin mir übrigens gar nicht mehr so sicher, ob ich noch mal aus Berlin weg will. Praktikum beim Müttergenesungswerk, das ist ja wohl nicht das Gelbe vom Ei. Jetzt, wo ich anfange duchzublicken, soll alles vorbei sein? Sag mal, meinst du, ich könnte das Praktikum im Amt verlängern? Ob ich Raschke mal frage?«

Klüppel blickt etwas verdutzt aus der Wäsche, fängt sich aber sofort. »Warum eigentlich nicht? Und wenn es bei uns nicht klappt, fragen wir ein bisschen herum. Ich hab mich schon gewundert, dass du aus Berlin wieder weg willst. Jetzt, wo es bei dir gefunkt hat. Wenn ich es nur in deinem Alter so leicht gehabt hätte, ich könnte richtig neidisch werden!«

Karsten ist irritiert. Beneidenswert findet er seine Lage wirklich nicht, Klüppels schon eher. Er fragt nach, und sie schlagen einen großen Bogen, weit weg von der Psychiatrie. Nach Leipzig, wo Klüppel Theologie studiert hat und sogar verheiratet war. Wo er als Altenpfleger gearbeitet hat. Wo er Kinder hatte, einen Sohn und eine Tochter. Wo er sich unglücklich in einen Mann verliebte und seine ganze Welt zusammenbrach. Karsten hört fassungslos zu, wie Horst Klüppel die Kräche mit seiner Frau beschreibt, seine Selbstvorwürfe und seine Verzweiflung. Mit dramatischen Szenen und Selbstmorddrohungen versuchte ihn damals seine Frau zur Familie zurückzuzwingen, doch er verließ sie. »Ich konnte nicht anders. Ich kam mir wie ein Schwein vor.« Horst stellte einen Ausreiseantrag, und kam 1982, gerade mal 24 Jahre alt, nach Berlin. »Studium, erste Kontakte in der Schwulenszene, der Job im Amt und seit ein paar Jahren bin ich endlich nicht mehr ruhelos auf der Suche. Den Rest der Geschichte kennst du ja. Ich bin so froh, dass ich meinen Rü gefunden habe.« Beide sind sie aufgewühlt und rot im Gesicht. Klüppel steht auf und holt seine Jacke: »Lass uns mal noch einen Zug um die Häuser machen.«

Donnerstag. Frau van der Leyden ruft schon morgens an. »Mein Mann ist heute Nacht gekommen, der war doch tatsächlich durchgefahren von Amsterdam. Ich hab Himmel und Hölle in Bewegung gesetzt, die Polizei angerufen, den Bereitschaftsarzt, keiner konnte mir helfen. Es muss doch nachts für so was eine Nummer geben! Jetzt ist er gerade bei der Bank, will sein Konto plündern und dann wieder los. Sie müssen unbedingt kommen, sofort, vielleicht erwischen Sie ihn noch!«

Karsten rast zur Wölffin, sprudelt hektisch seinen Bericht hervor. »Immer langsam, junger Mann. Bis jetzt ist doch noch gar nichts passiert. Er hebt sein Geld ab, das ist doch nicht verboten. Und Auto fahren darf er auch. Okay, ich kann ihn mir ja mal anschaun. Bei welcher Bank ist er denn?«

Karsten rennt zum Telefon, und wieder zurück: »Deutsche Bank, am Theo.« Er hoppelt um die Wölffin herum, bis die ganz unwillig wird.

»Verbreiten Sie bloß keine Hektik, Schäfer.« Der ergänzt den Satz schnippisch: »Ja, ja, ich weiß – es kommt, wie's kommt.« – »Eben.«

Sie gehen zur U-Bahn, das ist schneller. »Haben Sie die Akte, Schäfer?« Nein. Hochrot rennt er zurück, noch immer zieht das Blei vom Waldlauf in seinen Beinen. Als sie endlich in der Bank am Theodor-Heuss-Platz ankommen, ist van der Leyden schon weg. Am Schalter will die Wölffin wissen, wie viel er abgehoben hat, bekommt aber natürlich keine Auskunft. Bankgeheimnis!

Sie gehen zur Wohnung in der Ulmenallee, klingeln, Frau van der Leyden öffnet ihnen die Tür. »Mir fällt ein Stein vom Herzen, kommen Sie rein.« In seinem Arbeitszimmer steht Martin van der Leyden, ein gepflegter Managertyp in Sakko und modischen Hosen, und kramt in seinen Papieren rum. Eine offene Reisetasche steht auf dem Boden.

»Sie kennen mich noch? Wolff, Ärztin im Gesundheitsamt. Kann ich mich kurz mit Ihnen unterhalten?«

Van der Leyden wirkt überkorrekt, höflich, erlaubt Frau Dr. Wolff aber nicht, sich zu setzen. »Ich hab's schrecklich eilig. Ich habe einen dringenden geschäftlichen Termin in Hannover. Es tut mir sehr leid. Vielleicht ein andermal.«

Die Wölffin stellt sich in Positur, Karsten bleibt mit wackligen Knien in der Tür stehen. Sie spricht weiter: »Herr van der Leyden, wir haben von Ihrer Frau erfahren, dass Sie gestern in Amsterdam waren und dort einen Unfall hatten. Und jetzt sollen Sie Ihr ganzes Geld abgehoben haben. Das sind meiner Ansicht nach die typischen Symptome einer Manie, wie Sie sie ja schon einige Male hatten. Ich möchte Ihnen den guten Rat geben, in die Klinik zu gehen. Was haben Sie denn jetzt vor?«

Auch die Ehefrau steht jetzt im Türrahmen, sie wechselt aufgeregte Blicke mit Karsten.

»Es tut mir leid. Ich sagte Ihnen ja schon, ein geschäftlicher Termin. Wenn Sie mich jetzt bitte entschuldigen würden!« Er greift nach seiner Tasche und drückt seine Frau zur Seite.

»Martin, ich bitte dich, du kannst doch jetzt nicht gehen. Frau Dr. Wolff will dir doch helfen!«

Van der Leyden öffnet die Wohnungstür und dreht sich noch einmal um. Sein Gesicht ist weiß, sein Mund ein schmaler Strich, seine Stimme schneidend scharf: »Ich danke besonders für deine Hilfe. Das werde ich dir nie vergessen.«

Die Tür ist zu, Frau van der Leyden starrt die Wölffin fassungslos an. »So tun Sie doch etwas. Das kann doch nicht wahr sein. Sieht so Ihre Hilfe aus?« Die Wölffin bleibt knapp und sachlich, fast unmenschlich kalt. »Frau van der Leyden. Sie kennen das doch. Das ist doch nicht das erste Mal. Ich brauche Ihnen doch nicht zu erzählen, dass ich ohne akute Selbst- und Fremdgefährdung keinen Unterbringungsantrag stellen kann. Und die liegt noch nicht vor, so bitter das auch für Sie ist. Ich werde jetzt gleich einen Antrag auf Eilbetreuung diktieren, ob ich aber damit Erfolg habe, mit so dürftigen Argumenten, das ist noch die Frage. Versuchen Sie finanziell zu retten, was zu retten ist. Lassen Sie möglichst alles sperren. Erkundigen Sie sich am besten bei der Bank, Sie können dort gerne an mich verweisen. Hier ist noch einmal meine Nummer.«

Auf dem Rückweg redet die Wölffin von ihren Söhnen, von Raschkes Urlaub und dem Zoff um Appenzell. Als wäre der Hausbesuch nie gewesen. Karsten nagt daran wie an einem Knochen. »Absichern und abwimmeln, das sagt sich so leicht«, fängt er noch einmal an. »Die Frau tut mir wirklich leid. Muss denn wirklich immer erst was passieren?«

Die Wölffin ist es wohl leid, dem zwanzigsten Praktikanten das alte Lied vorzusingen. Sie zwingt sich sichtlich, zu antworten. »Jetzt mal ehrlich: Wäre Ihnen wohl dabei gewesen, diesen Mann von seinem Schreibtisch weg in die Klinik schleifen zu lassen, mit Polizei und womöglich Handschellen? Dann wären Sie doch auch sauer auf mich gewesen. Die zwei A, die Ihnen Raschke als Wegzehrung hier gelassen hat, die brauchen noch ein drittes: Abwimmeln, Absichern und Aushalten. Das ist der schwerste Teil unseres Geschäfts oder vor allem meines Geschäfts: aushalten. Vielleicht gar nicht schlecht, dass Sie das zum Ende Ihres Praktikums noch lernen: das Aushalten. Wir haben Patienten, da können wir nie was machen, heilen sowieso nicht, bessern meistens auch nicht. Da können wir nur der Familie und den Nachbarn helfen, es auszuhalten. Bis zu einem gewissen Punkt. Und der kommt bei van der Leyden noch. Ich kenne doch meine Maniker.«

Karsten gehen wieder mal die klugen Sprüche durch den Kopf, die er im Amt schon aufgelesen hat. Und dass er sich mit dem »Abwarten, Regel Numero eins Abwarten« nun schon das vierte A eingefangen hat. Abwarten, abwimmeln, absichern und aushalten. Da fehlt doch noch was: abschalten!

Am Nachmittag holt er Boris wie vereinbart im Hinterhof in der Schillerstraße ab. Schon wieder ist alles voll mit Asche, aber Karsten hat keine Lust, immer den Oberlehrer zu spielen. Sollen das doch Judith und Clarissa von Schwertfisch machen, das ist schließlich ihr Job. Boris ist ein bisschen wacher heute, kann sein, er hat sich mit seinem geliebten Pulverkaffee hochgeputscht. In der U-Bahn und der neuen S-Bahn nach Lichtenrade erzählen sie sich gegenseitig die Inhaltsangaben von Science-Fiction-Filmen, Blade Runner, Star Trek und Dark City, Boris ist ihm haushoch überlegen. Er glaubt felsenfest an Ufos und Außerirdische und schildert seine Terminator-Theorie so fanatisch, dass seine Pupillen zu brennen anfangen. Karsten kann die Augen nicht mehr von ihm lassen, so viel Energie, so viel Kraft. Aber schon in der Barnetstraße ist der Energieschub verpufft, sie laufen an den Sozial-Silos vorbei, wo Boris früher gewohnt hat, am Abenteuerspielplatz, am Jugendclub, am alten Dorfteich. Boris wird einsilbig, raucht eine Zigarette nach der anderen und sie fahren wortlos in die Innenstadt zurück.

Freitag vergeht ohne ein Lebenszeichen von Frau van der Leyden. Er fragt die Wolff, ob er anrufen soll. »Sind Sie denn meschugge? Den Teufel werden Sie tun!« Er lässt es bleiben.

Die Sprechstunde ist ziemlich leer, tote Hose im Wartezimmer. So langsam ist es allen zu heiß, die obdachlosen Alkoholiker dösen am Lietzensee, die obdachlosen Psychotiker sitzen in der Fußgängerzone. Im Amt spendiert wieder jemand eine Lage Gourmet-Eiscreme.

Dieses Mal kommt die Meldung aus Klüppels Bezirks, und der ist ja noch nicht weg. Schwein gehabt. Yvonne Berger-Odenthal rennt mit ihm los, Karsten darf mit. Horst Klüppels depressive Klientin, Frau Schwarz, hat einen Suizid angekündigt, schon etwas verlangsamt in der Stimme, Klüppel hat ein ungutes Gefühl. Sie fahren mit Klüppels Polo zum Spandauer Damm. Als Frau Schwarz auf sein Klingeln und Klopfen nicht reagiert, alarmieren sie die Feuerwehr und beschließen, durchs Fenster zu gehen. Die Leiter wird hochgefahren, Klüppel steht unten und dirigiert. Trotz der Affenhitze sind die Fenster geschlossen, auch das kein gutes Zeichen. Klüppel nickt mit dem Kopf, als der Feuerwehrmann »Hier? Isses hier?« runterbrüllt. Zwei kurze Schläge mit der Multifunktions-Axt – ein korpulenter Bierbauch im Unterhemd erscheint in der kaputten Scheibe und schüttelt den Kopf. Klüppel stöhnt auf: »Ach du Scheiße.« Er hat sich verzählt, es war das falsche Fenster. Der Feuerwehrmensch steigt ebenfalls kopfschüttelnd von seiner Leiter. »Wir öffnen von innen. Das ist mir jetzt zu riskant.« Karsten hält sich im Hintergrund, das Poltern und Wispern und Quäken kennt er noch von seinem ersten bravourösen Einsatz. Die Männer treten kräftig mit ihren dicken Stiefeln gegen die Tür, dass der Rahmen wackelt, und – man fasst es nicht – der Riegel wird geöffnet, Frau Schwarz steht im Nachthemd vor ihnen. Die Feuerwehrleute ziehen wieder ab, als klar wird, dass Frau Schwarz gar keine Tabletten genommen hat. Berger-Odenthal und Klüppel sitzen lange mit ihr zusammen und beratschlagen. Übers Wochenende kommt sie nicht, so verzweifelt und ohne jede Hoffnung. »Kein Licht am Ende des Tunnels, alles zappenduster«, sagt sie immer wieder und ist schließlich bereit, freiwillig in die Klinik zu gehen. Karsten packt ein paar Sachen mit ihr, Klüppel will sie im Auto fahren. Yvonne will lieber einen Krankenwagen rufen, aber Frau Schwarz bittet inständig, ihr das nicht anzutun. Karsten und Klüppel fahren schließlich mit ihr gemeinsam, Karsten sitzt neben ihr hinten, Kindersicherung, auf alle Fälle. Auf dem Rückweg schimpft Klüppel fast lautlos vor sich hin. »Fliegt als Referent über Steuerungsstrukturen in der europäischen Psychiatrie zu einer Tagung nach Stockholm und lässt vorher noch die falsche Scheibe zerdeppern. Das glaubt mir kein Schwein.«

Doch bevor Klüppel nach Stockholm fliegt, wird Karsten zur Love Parade geschleift, damit er die nicht auch noch verpennt. Samstagmorgen treffen sich die schwulen Waldläufer, ein paar Frauen sind auch dabei, und färben sich gegenseitig die Haare. Karsten will sich eigentlich raushalten, aber alle sind scharf darauf, seinen üppigen Schopf zu bearbeiten. Als sie mit ihm fertig sind, hat er eine grün-blaue Igelfrisur und findet sich total bescheuert. Weil die Haare der anderen Kerle nicht viel hergeben, zu kurz, zu wenig oder überhaupt keine mehr, malen sie sich die Gesichter bunt und rasieren die Brusthaare ab. Die Frauen, die Karsten nicht so recht einordnen kann, haben Klamotten mitgebracht und sind vom Verkleiden, Schminken und Drapieren ganz beschwipst. Sie grölen alle zu YMCA und trauen sich dann gemeinsam in die

U-Bahn zum Ernst-Reuter-Platz. So hat sich Karsten die Berliner Klischee-Schwulen immer vorgestellt, tuntig bis zum Abwinken, aber jetzt findet er es ganz drollig. Er lässt sich einfach mitziehen, wackelt mit seinem Bauch im Techno-Rhythmus und denkt ab und zu das Wort: »Massenpsychose.« Wieder mal ist er froh, dass ihn hier keiner kennt, aber wer könnte ihn schon in diesem Chaos entdecken? Abends um sieben ist er besoffen, um acht bekifft und um zwölf schleifen ihn Rü und Klüppel nach Hause. Gern geschehen.

Am Sonntag kämpft Karsten ewig mit seinem gestiefelten Kater und der blauen, garantiert auswaschbaren Farbe in seinem Haar. Claudia ruft an, als er leidlich zu sich gekommen ist. Sie wolle sich nur mal melden. Wie es ihm denn gehe? Karsten ist inzwischen sensibilisiert. Er spürt eine gewisse Zähigkeit in ihrer Sprache, Claudias Zunge klebt an den Konsonanten oder die Konsonanten kleben an ihr. Doch, doch, es sei alles in Ordnung, es sei zwar komisch wieder allein in der Wohnung, aber sie komme schon klar. Karsten fragt, ob sie schon zur Beratung war. »Nächste Woche geh ich hin, versprochen. Nur damit du deine Ruhe hast.«

Rü hat mitgehört und findet, Karsten hat sich gut gehalten. Klüppel ist schon zum Flughafen und hat Karsten das erste Mal richtig umarmt: »Pass auf dich auf und lass dich nicht kleinkriegen von diesem Amt. Und lass die Finger von meiner kleinen Rübe.« Er und Rü grabschen mindestens zwei Sekunden lang aneinander rum. Karsten guckt weg und freut sich. Das hat er alles noch vor sich.

Am Montagmorgen ist die Wölffin zu einem Termin in der Klinik, als die Polizei anruft. Sie hätten so einen komischen Typen auf der Wache, der brauche wohl einen Psychiater. Yvonne Berger-Odenthal ist schon unterwegs, also muss Karsten mit einer Ärztin der Lebensmittelaufsicht, Frau Dr. Dobler, losfahren. Die ist noch aufgeregter als er und will sich im Hintergrund halten.

Auf dem Abschnitt am Kaiserdamm sitzt ein wässriger junger Student im Designer-Hemd, Sozialmedizin, wie er versiert erklärt, und blickt ihnen erwartungsvoll entgegen. »Mein Name ist Andreas Schmiedinger. Ich bin Borderliner, wenn Sie damit was anfangen können. Ich bin in Freiburg in Therapie, mache hier nur ein Praktikum. Borderliner, das habe ich gelernt, kennen ja nur Schwarz oder Weiß, Liebe oder Hass, also nur Extreme. Ich hab hier eine Frau kennen gelernt, ein Mädchen besser gesagt, und die will Schluss mit mir machen. Jetzt habe ich einen heftigen Selbstmordimpuls. Meine Therapeutin hat mir beigebracht, dass ich dann sofort zur Polizei gehen soll, damit die mich vor mir selber schützt. Warum die Sie geholt haben, ist mir schleierhaft. Ich will doch nur auf eine Psychotherapie-Station.«

Frau Dr. Dobler sieht Hilfe suchend nach Karsten, der mit den Schultern zuckt. Er fragt Herrn Schmiedinger noch nach seiner familiären Situation, nach seiner Ausbildung, nach seiner Stimmung, wie er es eben bei Raschke gelernt hat. Der wird unwillig. »Das steht doch jetzt alles nicht zur Debatte. Das können wir uns doch alles schenken. Wollen Sie denn, dass ich rauslaufe und vor ein Auto renne?«

Karsten bespricht sich mit Frau Dr. Dobler. Sie sind sich einig, dass es hier nur einen Experten gibt, und das ist der Patient. Sie haben keine Wahl, sie müssen machen, was er will. Keine Frau Dr. Wolff in Sicht, die ihnen die Verantwortung abnehmen würde, keine Raschke, kein Klüppel. Karsten holt seine wichtigen Telefonnummern aus der Tasche, um in der Klinik anzurufen.

Ein Polizist tritt auf ihn zu und meint: »Wenn Sie schon mal hier sind. Wir haben hier gerade eine von der Straße aufgefischt, die ist ein bisschen neben der Mütze. Ist in einen Zeitungsladen reingegegangen, hat sich hingehockt und ist nicht mehr aufgestanden.«

Karsten bittet Andreas Schmiedinger draußen Platz zu nehmen und die Beamten bringen ein junges Mädchen, vielleicht

18 oder 19 Jahre alt, kurze Haare, Pulli und Hose, keine Tasche. Die Polizisten haben die Hosentaschen schon durchsucht, sie hat keinen Ausweis bei sich, kein Geld, nur eine paar Schmierzettel, mit denen sie nichts anfangen können. Das Mädchen murmelt unzusammenhängendes Zeug, einzelne Worte sind zu verstehen: »Stasi, Mafia, Polizei.« Sie sitzt auf ihrem Stuhl und rutscht in sich zusammen.

Frau Dr. Dobler versucht, das Klinikbett für den Borderliner zu organisieren, Karsten fragt die Polizisten, ob es vielleicht einen Kaffee gäbe. Als Frau Dr. Dobler hereinkommt, rutscht das Mädchen noch weiter vom Stuhl, gemeinsam halten sie sie. Frau Dr. Dobler fühlt den Puls, etwas beschleunigt, aber kein Grund zur Besorgnis. Sie macht wieder die Augen auf, Karsten führt den Becher Kaffee zu ihrem Mund. Wumm! Mit einem heftigen Schlag feuert sie ihm den heißen Kaffee ins Gesicht, springt auf, fängt an zu schreien und auf Frau Dr. Dobler einzuschlagen.

Karsten wischt sich die brennend heiße Flüssigkeit vom Gesicht, vom Hemd. Polizeibeamte kommen, versuchen das Mädchen zu halten, sie reißt sich los. Weitere Beamte kommen, zu viert, zu sechst halten sie das tobende Mädchen. Die Beamten fahren Karsten an: Wo denn der Krankentransport bleibe, zu was er denn da sei. Frau Dr. Dobler hat inzwischen bereits einen Krankenwagen für Herrn Schmiedinger bestellt, der hat aufgeregt mitgekriegt, was los ist, und tritt großzügig seinen Wagen ab. Man solle ihm eben einen neuen bestellen.

Die Beamten halten das Mädchen, das schreit und zuckt, die Beamten greifen und klammern enger, fluchen. Karsten und Dr. Dobler laufen nervös hin und her, weitere Beamte kommen aus der Wache und verlangen, dass endlich was passiert, man blockiere ja den ganzen Betrieb. Endlich, endlich, endlich kommt der Krankenwagen. Die Fahrer sehen das Gerangel und weigern sich sofort, das Mädchen zu transportieren. »Ne, ne, Kollegen, das macht mal selber. Nicht mit uns.« Die Polizisten tippen sich an die Stirn. »Kranke transportieren dürfen wir nicht, und das hier ist 'ne Kranke. Soll schließlich ins Krankenhaus. Sorry.«

Herr Schmiedinger steigt in den Krankenwagen ein, zögernd, ein wenig enttäuscht, dass er den Rest der Geschichte verpasst. Die Beamten fluchen, das Mädchen schreit und beißt, inzwischen liegt sie auf dem Boden, die Männer knien auf ihr. Zwei Zivilbeamte von irgendeinem Spezialkommando sind zufällig gerade da und lösen die erschöpften Beamten ab. Frau Dr. Dobler fängt an, einen Unterbringungsantrag zu schreiben, was ihr die Wölffin im Schnellverfahren mal beigebracht hat. Karsten versucht, bei der Feuerwehr einen Transport zu bekommen, aber die weigern sich auch. Er spürt den Druck in sich steigen wie eine Quecksilbersäule in einem Thermometer, 41 Grad, 41,5 ... Er schreit in das Telefon: »Aber irgendeiner muss die Patientin doch transportieren. Das ist ein Notfall, ein lebensgefährlicher Notfall!!!«

»Warum haben Sie das denn nicht gleich gesagt«, schnoddert es am anderen Ende der Leitung, »Okay, wir kommen.« Noch immer dauert es zehn Minuten, bis endlich mit Blaulicht und einem Riesentrara der Rettungswagen der Feuerwehr da ist. Alle sind am Ende, nur das Mädchen steht so unter Spannung, als müsse es jeden Moment einen riesigen Pfeil zum Himmel katapultieren.

Karstens Gesicht kühlt ab, das Brennen lässt nach. Aber noch Stunden würgt Karsten an jenem widerlichen, fauligen Geschmack im Munde, der in ihm hochsteigt, wenn er meint, völlig versagt zu haben. Nach fast einem halben Jahr ist er noch immer nicht in der Lage, dieser Maschinerie – Feuerwehr, Polizei, Krankenwagen, Amt – standzuhalten.

Am nächsten Tag ruft er in der Klinik an, um zu hören, was aus dem Mädchen geworden ist, und befürchtet das Schlimmste. Aber er hat sich umsonst Sorgen gemacht. Man könne sie morgen entlassen. Sie sei sehr froh, eingewiesen worden zu sein. Sie sei nur auf der Durchreise von Aachen nach Paris gewesen, sei mit einigen Berliner Freunden zur Love Parade gegangen und habe ein paar Pillen eingepfiffen. Man habe auch beim Drogen-Screening nicht genau rausgekriegt, welche Substanz. Sie habe tatsächlich gedacht, von der Stasi ermordet zu werden, man habe sie noch stundenlang auf der Station fixieren müssen. Die Angst sitze ihr noch immer in den Knochen.

Am Dienstag meldet sich endlich Frau van der Leyden wieder. Ihr Mann habe aus Honolulu, ja aus Honolulu, es sei kein Witz, alkoholisiert offensichtlich, angerufen. Sie habe sich nur mühsam zu diesem Telefonat überwinden können. Sie sei maßlos enttäuscht vom Amt und besonders von Frau Dr. Wolff. Nun sei ja wohl nichts mehr zu retten, sie befürchte, dass ihr Mann nicht mehr lebend nach Hause komme. Sie schluchzt. Sie sei völlig am Ende, die beiden Kinder würden jetzt zum vierten Mal eine derartige Phase durchmachen, die hätten einen Knacks weg fürs Leben. Karsten schaltet auf Autopilot: fragen, zuhören fragen. Herr van der Leyden ist von Beruf Immobilienmakler, früher ganz erfolgreich und selbständig, inzwischen als freier Mitarbeiter auf Provisionsbasis bei einer großen Berliner Firma. »Weil er in seinen Krankheitsphasen meistens auch geschäftlich über die Stränge haut, wird er nicht mehr fest eingestellt. Die ersten Kunden haben schon angerufen, denen er unglaubliche Projekte versprochen hat. Wenn ich nicht inzwischen wieder halbtags in einem Anwaltsbüro arbeiten würde, dann kämen wir gar nicht über die Runden. Was will er bloß in Honolulu?«

In der Sprechstunde hört er sich die neuesten Nachrichten über Frau Stoppeks Sender an. Er ist halbherzig bei der Sache, das merkt Frau Stoppek sofort. Sie legt noch einen Zahn zu: »Ein Monitor ist jetzt so eingestellt, dass ich beim Ausziehen beobachtet werde, das müssen Sie sich mal vorstellen, Herr Schäfer! Aber da haben die sich verkalkuliert. Wissen Sie, was ich mache? Raten Sie mal!«

Karsten grübelt und grübelt, findet aber beim besten Willen die Antwort nicht. »Keine Ahnung, Frau Stoppek. Ich hab keine Idee.«

»Ich ziehe mich jetzt unter der Bettdecke aus!« Sie strahlt Karsten an und er beglückwünscht sie beim Verabschieden zu ihrer raffinierten Strategie. Er kann plötzlich verstehen, warum Frau Stoppek sich beobachtet fühlt, beim Ausziehen ihrer wadenlangen Schlüpfer, ihrer schokoladenbraunen Strumpfhosen. Was für ein einsames, unsinniges Leben, keimfrei bis zu Sterilität! Welche Gnade, dass es Geheimdienste gibt und finstere, lüsterne Gesellen, die Frau Stoppeks Leben ausspionieren bis in den letzten Winkel. So kann Frau Stoppek zur Heldin werden, zum gewitzten David beim Kampf gegen den heimtückischen Goliath. Unter der Bettdecke!

Frau Meißner, die Alkoholikerin mit dem grauen Pferdeschwanz kommt zu ihrem vereinbarten Gespräch. Karsten freut sich darauf und erinnert sich noch einmal stolz an sein schwieriges Erstgespräch mit ihr und an die kleine Perle in seiner Faust. Drei Termine hat er mit Frau Meißner erst einmal ausgemacht, dann wollen sie besprechen, wie es weitergeht. Karsten genießt es, sich einmal richtig auf ein Gespräch einlassen zu können. Er war sogar noch einmal im »Web Site«, dem Internet-Café, das so verführerisch auf seinem Heimweg liegt. Er hat die Adresse http://www.psychiatrie.de eingegeben und über Verbände, Psychiatriefilme und Selbsthilfe nachgelesen. Aber weder hier noch unter den Stichworten »Gesprächstherapie, Gesprächsmethoden« hat er die gewünschten Rezepte gefunden. »Suizidalität« und »Alkoholismus« lieferten ihm eine unübersehbare Auflistung von Praxen, Institutionen und Selbsthilfegruppen. Er musste eingestehen, dass das Internet nicht zum Praktikanten-Werkzeugkasten taugt. Also hat er im Stehen, in der Buchhandlung noch einmal bei Weinberger – *Klientenzentrierte Gesprächsführung* – nachgelesen, zu den Stichworten »Grundhaltung, alkoholabhängig, Suchtberatung«. So wie er in seinem Handbuch nachblättert, wenn er ein neues Programm installiert. Auch in *Irren ist menschlich* blätterte er noch einmal herum und blieb fasziniert hängen. Die graue Theorie hat sich ihm mit prallem Leben gefüllt.

Er setzt sich aufmerksam genau gegenüber von Frau Meißner und nimmt – mit Körper und Geist – die empfohlene Suchhaltung ein. Aber jedesmal, wenn er das Gefühl hat, einen kräftigen Faden zwischen sich und Frau Meißner gesponnen zu haben, klingelt das Telefon. Frau van der Leyden teilt mit, dass das Auto mit zerstochenen Reifen in einem Parkhaus gefunden wurde. Die Psychologin der Klinik möchte ein paar Informationen über Frau Schwarz, die junge depressive Klientin von Klüppel. Das Sozialamt mahnt wegen einer Anfrage, die Sozialstation, die Herrn Grünthal pflegt, braucht eine Erweiterung der Module. Jedesmal reißt der mühsam gesponnene Faden, jedesmal ist Karsten hin- und hergerissen, ob er ausführlich und freundlich antworten und Frau Meißner im Regen stehen lassen soll oder umgekehrt. Nach jedem Telefonat knüpft Frau Meißner an den Satzfetzen an, die sie mitbekommen hat. »Das muss aber auch hart sein, so viel Elend den ganzen Tag. Mit den alten Leuten, das ist ja traurig. Sie sind so im Stress, und jetzt stehle ich Ihnen auch noch die Zeit. Dabei ist doch alles wieder in Ordnung.«

Karsten erinnert sich an Raschke, die regelmäßige Einzelgespräche im Amt immer als »Sahnehäubchen« bezeichnet hat. Das Sahnehäubchen, das man eigentlich nicht zum Überleben braucht, das aber zu einem richtigen Dessert einfach dazugehört. Ein Luxus, den man sich im Amt eigentlich nicht leisten kann. Karsten beschließt, Frau Meißner möglichst bald zur regionalen Suchtberatungsstelle zu vermitteln. Das harte Schwarzbrot der Alltagsarbeit im Amt ist ihm mühselig genug, er versagt sich kleinmütig das Sahnehäubchen.

Als er sich gerade von Frau Meißner verabschiedet hat, stürmt Boris ins Zimmer, atemlos und mit starrem Blick. Er trägt seine schwarze Stola über einer zerrissenen Regenjacke, die Kapuze hochgeschlagen, trotz der Affenhitze. »Die sind wieder hinter mir her. Ich hab sie gesehen, erst die Agenten, dann die andern. Ich bekomm gar keine Luft mehr. Die zischen schon los. Hast du mal eine Zigarette?«

Karsten erschrickt. Er bittet Boris, sich zu setzen, aber der hört gar nicht zu. Er rennt im Zimmer hin und her, stellt sich an das Fenster, sieht auf die fahrenden Autos hinunter und stürzt wieder zur Tür. »Das hat keinen Zweck. Du kannst mir ja auch nicht helfen. Schäfer, du lässt dir deine Lämmer abschlachten und wehrst dich nicht. Hat keinen Zweck. Die kriegen mich ja sowieso. Ich erkenne die. Ich weiß, wie die aussehen. Die Zeichen hab ich mir alle gemerkt. Die fangen ja schon an zu zischen.«

Karsten versucht, Boris anzusprechen, ihn zu beruhigen, aber vor Schreck ist er wie gelähmt. Boris rennt zur Tür raus, den Gang hinunter und Karsten bleibt unschlüssig stehen. Paralysiert. Endlich geht er hinterher, stolpert das Treppenhaus hinunter, zwei Stufen auf einmal und sieht Boris nur noch von hinten über die Straße hetzen. Marenko mit seiner riesigen Rasta-Mütze hält ihm verwundert seine Dose entgegen, aber Karsten ignoriert ihn wütend.

Er geht zurück, setzt sich auf Raschkes Chefsessel und denkt nach. Wäre Klüppel jetzt da, könnte er ihn fragen. Scheiße! Zur Wölffin oder den anderen will er auf keinen Fall, es käme ihm vor wie Verrat, Verrat an Boris. Wem kann er eigentlich vertrauen? Er dekliniert alle Ansprechpartner durch, holt sich die Helferkonferenz ins Gedächtnis, fragt alle Gesichter ab, eins nach dem anderen. Der Amtsbetreuer? Kommt nicht in Frage. Die Betreuerinnen von Schwertfisch, Judith und Clarissa? Boris kann die beiden nicht ausstehen. Die Frau von der Ambulanz, wo er die Spritze bekommt? Die erst recht nicht. Bei der Psychologin, bei Yvonne und bei Boris' Mutter ist er sich unsicher. Karsten rauft sich die Haare. Und beschließt vor lauter Verzweiflung, erst einmal gar nichts zu tun.

Die Routinearbeit lenkt ihn ab, aber nach jedem Vermerk, den er diktiert hat, nach jedem Telefonat tobt der Gedankensturm wieder los. Aber es sind gar nicht die Gedanken, es sind seine Gefühle, die ihn in seinem winzigen Boot gefährlich ins Wanken bringen. Er möchte Boris helfen, er möchte sein Freund sein, er möchte ihn retten. Er würde ihn am liebsten in den Arm nehmen und wie ein kleines Kind beruhigen und in den Schlaf singen: Sitzt a Engele auf dem Dach, hat a Gackele in der Hand ... Hier bei mir bist du sicher. Die Verfolger können dir nichts anhaben, ich bin stark und werde sie alle mit meinen schweren Stiefeln in den Arsch treten. Sie vertreiben und verjagen für immer und ewig. Karsten phantasiert herum und denkt an die frühen Jahre, als er einen verkrüppelten Stadtstreicher für den schwarzen Mann hielt. Er war sicher, der würde kommen und ihn aus seinem Zimmer im Dachboden stehlen. Vor lauter Angst traute er sich nicht aufs Klo zu den Eltern und nicht auf sein Häfele unter dem Bett und pinkelte in die Matratze.

Karstens Verstand meldet sich zu Wort und hebt warnend den Finger. Boris ist kein kleines Kind, das Angst vor dem schwarzen Mann hat. Boris ist ein Psychotiker und hat Wahnvorstellungen. Vielleicht hat er seine Spritze nicht bekommen, oder er hat irgendwelche Drogen intus. Natürlich! Wahrscheinlich hat auch er bei der Love Parade zugegriffen, wie er alles grapscht und schluckt, was man in sich hineinstopfen kann.

Karsten denkt an die Zwangseinweisung gleich am Anfang seines Praktikums. Damals war ihm Boris so verführerisch und stark vorgekommen wie ein Priester eines galaktischen Kults. Heute war diese Aura wieder zu spüren, wenn auch auf eine düstere, unheilvolle Weise. Karsten wird klar, dass es die Aura des Todes war, die mit Boris in den Raum drang, und dass er gekommen ist, weil Karsten ihm das Leben retten soll. Aber in welcher Welt und mit welchen Waffen könnte er Boris retten?

In dieser Nacht schläft Karsten erst nach vielen Stunden, in denen er mit seinem kleinen Boot auf aufgewühlten Wassern herumgerudert ist, hin- und hergeworfen von widrigen Winden. Er kann nicht einschlafen, das weiß er, weil er diese Fahrt zu Ende bringen muss, weil diese Gedanken gedacht und diese Gefühle gefühlt werden wollen. Gegen Morgen läuft er in den geschützten Hafen ein. Sein Boot macht er am sichersten Kai mit seinem dicksten Tau fest. Er geht zur Wölffin ins Zimmer und setzt sich vor ihren Schreibtisch. Sie ist gerade dabei, ihre Blumentöpfe zu gießen und mit einem feinen Wassernebel aus der Sprühflasche zu befeuchten. Wegen der Hitze hat sie ihre Haare besonders kurz schneiden lassen, jungenhaft. Er beobachtet ihre geschickten Hände und wartet. Eigenartigerweise beruhigt es ihn, dass sie ihre Pflanzen umsorgt. Dann erzählt er ihr die ganze Geschichte. Er beschreibt den vollgeknallten Roboter-Boris in der Klinik und die Helferkonferenz. Er schildert die zähen Hausbesuche und das erste Aufflackern von Lebendigkeit in der S-Bahn, bei der Fahrt nach Lichtenrade. Und dass Boris gestern in sein Zimmer gekommen ist, sich verfolgt fühlte und wieder weggelaufen ist. Und dass er, Karsten, deshalb heute Nacht nicht schlafen konnte. »Was soll ich denn jetzt tun?«, fragt Karsten kleinlaut.

Die Wölffin mustert ihn scharf, registriert seine geröteten Augen und seine zitternden Lippen. »Stelle anheim«, sagt sie.

»Wie bitte?« Karsten hat nicht verstanden und auch nicht kapiert.

»Stelle anheim«, wiederholt sie. »Bin ich denn schon so alt, dass Sie das nicht verstehen? ›Stelle anheim‹ bedeutet: Die Entscheidung überlasse ich Ihnen. Oder: Ganz wie Sie wollen. Oder: Mir doch egal. Aber nein, das bedeutet es nicht. Mir ist es nicht egal. Aber ›Stelle anheim‹ bedeutet exakt: Die Entscheidung steht in Ihrem Ermessen.«

Karsten ist geplättet. Kein großes A, kein Abwarten, Absichern, Abwimmeln, kein schlauer Spruch, sondern das Boot muss den sicheren Hafen verlassen, die Taue werden gekappt.

»Mensch, Schäfer. Sie kennen doch den Salowski besser als ich. Zu gut wahrscheinlich und ein bisschen zu dicht. Aber wer soll einschätzen, ob er in akuter Gefahr ist, wenn nicht Sie? Sie haben ihn gestern gesehen, Sie haben ihn gehört, hören Sie doch einfach auf ihren Bauch! Wenn Sie mich brauchen, ich stehe zur Verfügung. Aber Sie müssen schon wissen, was Sie wollen. Deshalb: Stelle anheim.«

Wie betäubt taumelt Karsten in Raschkes Zimmer zurück, setzt sich auf seinen kleinen Praktikantenstuhl. Auf seinen Bauch soll er hören, nicht auf seinen Kopf oder seinen Schwanz, auch nicht auf sein Herz. Er brütet. Wenn er nach seinem Bauch geht, landet er wieder bei dem Impuls, Boris im Arm zu halten und in Sicherheit zu wiegen.

Er ruft Boris' Mutter an – ob sie etwas von ihm gehört habe. Allerdings! »Heute morgen hat eine tote Taube vor der Wohnungstür gelegen, zugedeckt mit einem Taschentuch. Weiß der Himmel, was Boris mir damit sagen will. Ich habe seine Zeichen noch nie verstanden, es tut mir leid. In der Angehörigengruppe haben sie gesagt, ich soll mich mehr um mein eigenes Leben kümmern. So schwer es mir auch fällt. Ich fahre morgen für ein paar Tage zu meinem anderen Sohn ins Ruhrgebiet.«

Karsten sichtet den Schreibtisch, holt den Posteingang aus Raschkes Fach und versucht, die Spreu vom Weizen zu trennen. Eigentlich kann er alles liegen lassen, Boris ist jetzt wichtiger. Er macht zwei, drei Anrufe, um sein Gewissen zu beruhigen, und meldet sich beim Tagesdienst ab.

Er fährt zu Boris Wohnung, aber keiner öffnet. Er geht wieder, dreht unterwegs um und steigt das kleine dunkle Hinterhaus wieder hoch. Er setzt sich auf den Treppenabsatz und wartet. Nachbarn laufen an ihm vorbei, eine Frau fragt, ob er zu Herrn Salowski wolle. Karsten nickt. Der habe die ganze Nacht gebrüllt, jetzt schlafe er wohl. Aber er sei in der Wohnung, sie sei ganz sicher. Sie wisse es, weil er immer die Tür so zuschlage, dass das ganze Haus wackle.

Karsten klopft und klingelt noch einmal kräftig, wartet, und klopft dann wieder. Er hört leise Geräusche am Spion und ruft immer wieder: »Boris, ich bin's, Karsten vom Amt. Mach doch auf.«

Die Tür geht auf, und Boris steht – noch immer in Regenjacke mit hochgeschlagener Kapuze – vor ihm. »Schnell, komm rein«, flüstert er verschwörerisch, packt Karsten und zieht ihn in die Wohnung. In seinem Zimmer sieht es gespenstisch aus, Karsten fröstelt. Alle Möbelstücke sind übereinander getürmt. Erst allmählich erkennt Karsten, dass Boris über seiner Matratze eine Art Schutzwall errichtet hat, so dass er eine kleine höhlenartige Nische zum Schlafen hat. In der Höhle erkennt Karsten die kaputten Elektrogeräte vom Flur, das Fax, die Schreibmaschine, die er am liebsten weggeworfen hätte.

»Du hast Angst, nicht?«, fragt Karsten und denkt sofort, dass er nicht so viel fragen darf. Boris nickt heftig und zieht die Kapuze noch weiter ins Gesicht. »Aber du fühlst dich hier nicht mehr sicher, oder?«

Boris funkelt: »Ich kann mich ganz gut wehren. Ich zische zurück, aber die verdichten jetzt, die komprimieren, das schaff ich nicht mehr lange. Da komm ich nicht mehr gegen an.«

Karsten fallen nur immer weitere Fragen ein und er weiß genau, dass er jetzt nicht weiter fragen darf. »Vielleicht hilft es, wenn ich einfach hier sitzen bleibe. Ich habe keine Angst.« Karsten hockt sich auf den Boden, lehnt sich an die Wand. Er schweigt und bietet Boris eine Zigarette an.

Boris hockt sich kurz neben ihn, dann treibt es ihn wieder unruhig im ganzen Zimmer herum. Er gibt scharfe, aggressive Zischlaute von sich. Karsten beobachtet ihn und wartet ab. Immer wieder sucht Boris seinen Blick, Karsten hält ihm stand. Er versucht regelmäßig und tief zu atmen. Ganz ruhig bleiben. »Ich muss hier raus, ich muss hier raus«, zischt Boris mit gesenktem Kopf.

Karsten wartet und fragt dann: »Gibt es einen sicheren Ort,

wo ich dich hinbringen soll? Lass uns mal zusammen überlegen.« Boris hockt sich kurz neben ihn, zieht an seiner Zigarette, springt wieder auf. »Zu deiner Mutter kannst du nicht, die will sowieso wegfahren.« Boris dreht eine weitere Runde durchs Zimmer, hebt plötzlich einen Hammer vom Boden und schlägt damit gegen die Wand. Karsten zuckt zusammen. Die Zeit wird knapp, das hält er nicht mehr lange aus. Er spielt Roulette, er setzt nach Instinkt. »Vielleicht wäre die Klinik der sicherste Ort. Mir fällt zumindest kein besserer ein. Du weißt ja, ich kenne mich noch nicht so gut aus. Aber die Klinik, die erscheint mir doch ziemlich sicher. Ja, ich denke, da sollten wir hin.« Karsten hat langsam und kräftig geredet, so ungefähr wie seine Oma, wenn es draußen zu blitzen anfing.

Boris lässt den Hammer fallen und dreht sich um: »Geh'n wir.« Er wirkt nicht erleichtert, sondern eher wie ein Krieger, der vor einer feindlichen Übermacht kapituliert, weil er nicht sterben will.

Sie stehen an der Bushaltestelle. Die Passanten mokieren sich über Boris mit seiner hochgezogenen Kapuze, und Karsten fällt ein, dass er sich normalerweise genieren müsste. Aber es ist ihm egal. Er versucht dicht an Boris zu bleiben, ihn zu beschützen, vor was auch immer. Plötzlich spürt er, wie Boris seine Hand sucht und sie fest umschließt. Karsten drückt noch kräftiger zurück.

Der Bus kommt, das merkwürdige Paar steigt ein. Sie setzen sich weit nach hinten, Karsten legt den rechten Arm um Boris Rücken und hält ihn, sorgsam darauf achtend, ob es Boris unangenehm ist, ob er sich herauswinden will. Dann gibt er ihm die linke, freie Hand und Boris knetet auf seinen Fingern herum und Karsten drückt zurück. So hat ihn seine Mutter gehalten, unauffällig, aber bombensicher, als er das erste Mal starr vor Furcht in einem Flugzeug saß.

»Du haust bald ab.« Boris ringt sich die Worte ab.

Eine Welle von Scham und Schuld flutet in Karsten hoch. »Ja, aber ich komme wieder.«

Epilog

1. Fassung

Klüppel hat nicht einmal seinen Salat aufgegessen; er ist mit Frau Schitthelm, der Ombudsfrau, und der älteren Dame in sein Zimmer gegangen. Schade, ich hätte gerne noch eine Weile mit ihm geredet, wir sehen uns nicht mehr so oft.

In jener Nacht hat sich Boris in der Klinik angezündet und die ganze Station musste evakuiert werden. Er ist mit einigen Verbrennungen zweiten Grades davongekommen, aber ein Zimmergenosse wäre beinahe an seinen Verletzungen gestorben. Die Kripo hat mich lange verhört, weil das Gerücht auftauchte, Boris wäre auf einem Drogentrip gewesen. Ich habe versucht, alle Fragen wahrheitsgemäß zu beantworten.

Ich habe die letzten Tage des Praktikums kaum überstanden. Ich war wie in Trance, man hätte mich nur zu schubsen brauchen und ich wäre umgefallen. Als Raschke wieder da war, hat sie mich einige Male früher in den Feierabend geschickt. Ich weiß nicht, ob sie noch einmal einem Praktikanten eine Urlaubsvertretung zugetraut hat. Als Klüppel von seinem Kongress zurück war, versuchte er ein paar Mal, mit mir zu reden. Aber ich hatte immer angeblich noch einen Termin und fing wieder mit meinen endlosen Märschen durch die heiße City an. Ich kannte ja inzwischen die richtigen Adressen.

Und dann war die Zeit auch schon um, ich hatte noch drei Wochen Urlaub. Ich war froh, wieder zu Hause zu sein. Ich saß oft bei meiner Mutter in der Küche und fragte sie die absonderlichsten Dinge, zum Beispiel, ob sie sich daran erinnert, dass ich eine Zeit lang ins Bett gepinkelt habe. Als ich dann angefangen habe, meine Oma fast täglich zu besuchen, hat sie sich ernsthafte Sorgen um mich gemacht. Wir haben aber nicht darüber geredet.

Den zweiten Teil meines Anerkennungsjahrs habe ich in

einer Mutter-Kind-Klinik am Bodensee verbracht, ich konnte dort auch wohnen. Alle vier Wochen wechselte die Kundschaft, man brauchte sich die Namen gar nicht erst zu merken. Gegen die Zeit im Amt kam mir die Arbeit wie Urlaub vor, na gut, ich war als Animateur beschäftigt. Ich war dort vor allem für die Kinder zuständig. Sie verstrubbelten meine Haare oder flochten Zöpfchen und kletterten auf meinem Bauch herum, das kann ich immer noch am besten.

Claudia hat noch ein paar Jahre weiter getrunken und dann in der Therapie Enrico, den Macker ihres Lebens kennen gelernt. Er ist ein paar Jahre jünger als sie und ganz niedlich. Jetzt stürzen sie manchmal gemeinsam ab. Sie meint, das sei besser, als einsam trockenzubleiben.

Warum ich dann eigentlich wieder zurück bin nach Berlin? Es war wohl doch der Lockruf des Fleisches oder das bequeme Gästezimmer bei Klüppel.

Ich habe eine Weile rumgejobbt und das Geld meiner Eltern verbraten, die immer noch Angst hatten, ich könnte mich zu Hause wieder festsetzen. Dass ich schwul bin, ahnen sie wohl inzwischen.

Als Klüppel den ersten Job für mich auftat, war er noch im Amt, aber seine Drähte zur Szene waren heiß. Er war einer der wenigen, der zu beiden Seiten hervorragende Kontakte hatte. Denn noch immer klaffte ein tiefer Graben durch den Bezirk – Schwertfisch contra Synerg und Appenzell. Einige Psychos reden heute noch nicht miteinander, obwohl wir inzwischen längst den Gemeindepsychiatrischen Verbund haben und die alten Träger aufgelöst wurden. Die Wunden sitzen wohl doch zu tief. Appenzell hatte, als ich wiederkam, die Stadt bereits verlassen, um in Seattle eine noch komplexere systemische Methode, die er gerade entwickelt hatte, zu beforschen. »Seattle, das schlaflose Seattle aus dem Film?«, fragte ich Klüppel damals ungläubig, als er mich auf den neusten Stand brachte. Klüppel lachte – ich hätte mich nicht verändert.

Ich werde vorsichtig mit der Praktikantin umgehen. Sie soll mich begleiten und nach jedem Hausbesuch werden wir ihre Eindrücke gemeinsam durchsprechen. Sie wird keine dummen Sprüche von mir hören und keine albernen Weisheiten. Schließlich ist es nur ein Praktikum und nicht das wirkliche Leben.

Epilog

2. Fassung

Endlich ist Klüppel fertig mit Frau Schitthelm, unserer Ombudsfrau, und der älteren Besucherin. Er holt sich noch einen Kaffee an der Theke und setzt sich wieder zu mir. Ich entdecke Boris, der draußen am Rauchertisch sitzt und sich auch gerade einen Kaffee geben lässt. Sicher nicht sein erster heute – er hebt kurz die Hand. Wir freuen uns immer, wenn wir uns sehen, ich zumindest.

Er war damals einige Wochen in der Klinik, freiwillig, und hat dann wieder einen neuen Anlauf draußen gemacht. Mit den Jahren hat er gelernt, seinen Helferclan auszutricksen, wenn er es will, aber ich glaube, er hat sich arrangiert; manchmal arbeitet er hier im Tageszentrum für ein paar Mark, wenn er eine gute Phase hat. Aber er schafft es noch immer – alle ein, zwei Jahre – den ganzen Bezirk mit einem großen galaktischen Auftritt in Atem zu halten.

Klüppel nimmt jetzt unseren Gesprächsfaden wieder auf. Auch so eine Eigenschaft, die ich an ihm schätze, er ist hartnäckig, auch wenn manche finden, er rücke einem zu sehr auf die Pelle. Mir ist das lieber als diese neumodische Unverbindlichkeit.

Als Klüppel damals aus Stockholm zurückkam, war er platt, als er vom »Stelle anheim« der Wölffin hörte. »Darauf kannst du dir was einbilden«, meinte er fast ein bisschen neidisch. Als Raschke braun gebrannt und entspannt wieder eintraf, präsentierte ich ihr stolz wie Oskar meine Akten und erzählte völlig aufgedreht, was alles passiert war. Wie ein Kind nach dem Kasperletheater. Aber das gibt es wahrscheinlich gar nicht mehr.

Ich rückte dann irgendwann mit der Sprache raus. Dass das mein Ding sei, hier im Amt und mit der Psychiatrie, und dass ich schon mit dem Praktikantenamt in Esslingen verhandelt hätte. Und verlängern wollte. Das erste Mal in meinem Leben spürte ich, dass meine Trägheit einen Sinn hatte. Ich musste mich nicht mehr verachten. An mir konnte man sich festhalten, ich lief nicht so schnell weg. Ich fiel nicht um. Und ich hatte plötzlich das Gefühl, richtig lebendig zu sein, richtig wach. Wie diese geheimnisvollen Pflanzen in der Wüste, die hundert Jahre lang als Flechte vegetieren und dann – bei einem der seltenen Regengüsse – in Grün und Rot explodieren.

Na gut, es war sicher nicht das Amt allein, das da auf mich herabgeregnet war. Ich hatte mit André geschlafen und es hatte mir gefallen und ich wusste, es gab mehr davon in dieser Stadt. Aber es hing doch alles irgendwie zusammen: Alles war möglich. Es gab Arten zu leben, zu denken, zu fühlen und zu lieben, die ich vorher nicht gekannt hatte. Es gab den mysteriösen Marenko, der sich irgendwann aus Afrika hierher verirrt hatte und jetzt hier festgewachsen schien. Und es gab den schnieken Immobilienmakler, der sich mal eben in ein Flugzeug nach Honolulu setzte – tatsächlich Honolulu! Oder die Stoppek mit ihrem Überlebenswahn und die vielen senilen Grünthals, die unentwegt ihr Taschentuch falteten.

Es wurde dann doch nicht genehmigt, das zweite Halbjahr im Amt. Klüppel besorgte mir aber einen Praktikumsplatz im Übergangswohnheim und ich hospitierte von dort aus bei den anderen Projekten. Appenzell hatte ein paar Klagen gegen unbekannt geführt und war dann in die USA verschwunden, irgendwas Psycho-Forschungsmäßiges mit Schimmelpilzen oder Bakterien, wir haben nie mehr von ihm gehört. Ganz langsam zogen sich die Wundränder wieder zusammen, es bildete sich erst Schorf, später Narben und heute weiß keiner mehr genau, was damals eigentlich los war. Es ist ja sowieso die reine Inzucht, hier im Verbund. Wenn ich in der PSAG sitze, kommt es mir manchmal so vor, als hätten einige der Anwesenden Farbreste im Haar, altrosa, türkis oder beige. Aber keiner strahlt mehr so weiß wie damals Appenzell.

Eine Tagesklinik haben wir bis heute nicht. Die kleine psychiatrische Abteilung ist nie so richtig ausgelastet und behandelt die Patienten teilstationär, wie's grade kommt. Wir bilden uns natürlich ein, dass unser tolles Tageszentrum und unser Service-Stützpunkt dazu geführt haben, dass kaum noch jemand eingewiesen wird.

Mit seinem Krisenteam und den ausgefuchsten Patenschaften ist das ganze System so kompliziert, dass außer Klüppel, der die Dienstpläne macht, sowieso keiner mehr durchblickt. Und Klüppel meint, in Wirklichkeit hätten längst die Ombudsleute und Nutzer-Beiräte die Macht übernommen, sie wüssten es nur noch nicht. Denn dann müsste er ihnen unser Gehalt überweisen.

Ich bin damals bald bei Klüppel ausgezogen. Claudia überließ mir ihre Wohnung und ging mit Alex, einem schmierigen Typen, den sie bei den Guttemplern aufgetan hatte, nach Alcudia. Die beiden übernahmen den Pachtvertrag einer Kneipe, aber nach einer Saison waren sie pleite, und der Typ zog mit einer anderen ab. Claudia kam wieder zurück, aber da hatte ich schon meine eigene Wohnung am Klausener Platz. Wir sehen uns nur selten.

Nico hat keine Stelle als Tierärztin gefunden und jobbt ab und zu aushilfsweise in dem berühmten Gestüt in Marbach. Sie hätte gerne eine Farm in Afrika. Wir telefonieren manchmal miteinander.

Zurzeit habe ich was mit einem Typen, der mich an Ronnie erinnert. Er hat seine dunklen Augen und ist genauso verschlossen und unberechenbar und gierig und wird mir das Herz brechen. Aber dazu ist es ja da.

Klüppel fragt, wann die Praktikantin kommt.

»Jede Minute«, sage ich. »Deshalb bin ich ja so aufgeregt.«

Klüppel wirft eine Tablette ein, und ich schaue mir die Pakkung an. Ich könnte es nicht ertragen, wenn er was Ernstes hätte. »Meine Allergie«, winkt Klüppel ab, »die Birken blühen.« Ich bin erleichtert.

»Das ist er«, höre ich Boris' Stimme neben mir. »Karsten Schäfer, auch Wampe genannt.« Er grinst. Neben ihm steht eine kleine Blonde, die hat was von einem Wiesel. Ich grinse zurück.

Epilog

3. Fassung

Machen Sie doch, liebe Leser, einfach, was Sie wollen. Ist mir doch egal. Aber nein, es ist mir nicht egal. Hören Sie auf Ihren Bauch. Schreiben Sie sich Ihren eigenen, ganz großen tragischen Psychiatrie-Schmöker. Oder eine verhuschte ironische Love Story. Lassen Sie Karsten Schäfer – oder wer immer Ihre Hauptperson ist – Staatssekretär werden oder lassen Sie ihn durchknallen. Schicken Sie ihn zu seiner Oma zurück oder gönnen Sie ihm eine stürmische Nacht mit Jonny Depp. Oder mit der kleinen Blonden. Es ist alles möglich, im Amt und im wirklichen Leben. Sie wissen schon, was ich meine. Kurzum:

Stelle anheim.

Danksagung

Natürlich ist alles erstunken und erlogen. Aber – ich schwöre – jedes Wort ist wahr. Die Protagonisten dieser Geschichte sind aus Tausenden von privaten und beruflichen Begegnungen der letzten zwanzig Jahre zusammengeschustert. Ich danke allen.

Ich danke ganz besonders:
Ingo Zirks, er hat Karsten auf Trab gebracht und mir entscheidende Tipps gegeben;
Eva Lehnert, die bei mir das längste Praktikum aller Zeiten (und meinen Morgen-Autismus) scheinbar unbeschadet überstanden hat – sie ermutigte mich und Karsten ungemein;
Ute Albrecht, die mir während langer Spaziergänge beim Nachdenken half;
meinen treuen Vorstandsfreunden von der Berliner Gesellschaft für Soziale Psychiatrie, die mich szenetratschmäßig immer auf dem Laufenden hielten.
Meiner Mutter danke ich nicht nur für ihre kostbare Erinnerung an alte schwäbische Kinderreime und
dem Verlag, weil er dieses Buch angeregt, begleitet und meine Widerborsten ertragen hat. (Ich freue mich schon auf das nächste.)

Bücher zur Sozialen Arbeit aus dem Psychiatrie-Verlag

Uwe Blanke (Hg.)

Der Weg entsteht beim Gehen

– Sozialarbeit in der Psychiatrie

Was ist das eigentlich: sozial-arbeiten? Wo liegt der Unterschied zwischen Sozialarbeit und Therapie? Wie kann die Sozialarbeit in der Psychiatrie ein eigenständiges Profil entwickeln – und was muß dafür getan werden?

In den letzten zwanzig Jahren sind zahlreiche Einrichtungen entstanden, die ohne Initiative und Mitwirkung von SozialarbeiterInnen nicht vorstellbar wären. Trotzdem spielt das Thema mit den oben aufgeworfenen Fragen in der Fachliteratur bisher kaum eine Rolle. Die gängigen Lehrbücher entpuppen sich diesbezüglich als Leerbücher.

Dieses Buch will die Lücke schließen. Sein Titel »Der Weg entsteht beim Gehen« skizziert sowohl die Entwicklung als auch die Wirkungsweise der Sozialarbeit. Gleichzeitig ist er das Motto für die einzelnen Beiträge – alle von Sozialarbeiterinnen und Sozialarbeitern geschrieben, die langjährig in verschiedenen Feldern der Psychiatrie tätig sind. Aus ihren unterschiedlichen Blickwinkeln schildern und bewerten sie ihre Erfahrungen auf der Suche nach einer eigenen beruflichen Identität. Zahlreiche Beispiele aus der Praxis (z.B. Ilse Eichenbrenner mit »Ruby's Arms«) wechseln ab mit Texten zu den Grundlagen der sozialen Arbeit in der Psychiatrie. So wird das Ganze zu einem spannenden Kompendium für Studierende und die »Aktiven an der Basis«, aber auch für die weiteren Berufsgruppen im Sozialpsychiatrischen Verbund.

ISBN 3-88414-171-6, 220 Seiten, 29.80 DM (30.80 sFr, 233 öS)

Neuausgabe

T. Bock, H. Weigand (Hg.)
Hand-werks-buch Psychiatrie

Als das Hand-werks-buch 1991 erstmalig erschien, hatten Herausgeber(in) Hildegard Weigand und Thomas Bock die Ziele hochgesteckt. Das Buch sollte

- ein Lehrbuch der Psychiatrie für alle Berufsgruppen,
- ein Nachschlagewerk für sozialrechtliche Grundlagen,
- eine kritische Bestandsaufnahme der Psychiatriereform,
- eine Anleitung zum Tätigwerden,
- ein Handwerkszeug für Politik und Verwaltung und
- ein Beitrag zur Verständigung von Psychose-Erfahrenen, Laien und Psychiatrie-Tätigen sein.

Die positive Bilanz: Mehrere Nachauflagen zeigen den Erfolg dieses unvergleichlichen Lehrbuchs, das mittlerweile zum Standardwerk in der Aus- und Weiterbildung gehört. Die in allen Beiträgen überarbeitetete und aktualisierte Neuausgabe 1998 wurde ergänzt durch einige neue Aspekte, die in den vergangenen Jahren an Bedeutung gewonnen haben. Das sind

- Subjektorientierung,
- Sensibilisierung für geschlechtsspezifische Hilfeleistung,
- Personenzentrierung und multiprofessionelle Teamarbeit,
- Qualitätssicherung und Empowerment,
- Dialogforen und partnerschaftlicher Umgang,
- Entwicklung einer gemeinsamen Sprache,
- Bildung neuer Netzwerke.

> »Dieses unübertroffene Werk orientiert verständlich, fachlich fundiert und hilfreich über alle wesentlichen Aspekte der schweren seelischen Störung von Menschen in unserer Gesellschaft. Lebensräume werden erkundet, Lebenshilfen beschrieben, Lebensphasen untersucht, Strukturen der Psychiatrie und der Sozialpolitik analysiert sowie Aspekte einer kommunalen Psychiatrie skizziert.«
> *Norbert Copray, Publik-Forum*

ISBN 3-88414-120-1, 688 Seiten, 49.80 DM (46 sFr/364 öS)